AYN RAND
HYMNE

Sie existierten nur,
um dem Staat zu dienen.
Sie wurden empfangen in Paarungsheimen.
Sie starben im Haus der Nutzlosen.
Von der Wiege bis ins Grab war die Masse eins
— ein großes Wir.

In allem, was an Menschlichkeit übrig war,
wagte nur einer zu denken, zu suchen und zu lieben.
Er, Gleichheit 7-2521, verlor fast sein Leben,
weil sein Wissen als verräterische
Blasphemie angesehen wurde…
Er hatte es wiederentdeckt,
das verlorene und heilige Wort…

AYN RAND
HYMNE

Aus dem Amerikanischen von

Philipp Dammer

JUWELEN

2016

Titel der Originalausgabe:
Anthem

Die Veröffentlichung erfolgt mit Genehmigung der
Peikoff Family Partnership, LP
c/o Curtis Brown Ltd.
10 Astor Place, New York, NY 10003 USA

Die Deutsche Nationalbibliothek
verzeichnet diese Publikation in der
Deutschen Nationalbibliographie.

Detaillierte bibliografische Daten sind im Internet über
http://dnb.d-nb.de
abrufbar.

1. Auflage
Verlag: Juwelen — Der Verlag

Cover- und Buchgestaltung & Satz: Klaus Nordby
www.NordbyVision.com

© 2016 deutsche Originalausgabe: Juwelen — Der Verlag
www.JuwelenVerlag.de

© der Originalausgabe: Ayn Rand 1938
Alle Rechte vorbehalten

Printed in Germany

ISBN 978-3-945822-26-5

Vorwort der Autorin

Diese Geschichte habe ich 1937 geschrieben. Ich habe sie für diese Auflage überarbeitet, die Überarbeitung aber auf den Stil beschränkt; ich habe einige Abschnitte neu formuliert und gekürzt. Keine Idee oder Begebenheit wurde heraus- oder hinzugenommen; das Thema, der Inhalt und die Struktur sind unberührt. Die Geschichte bleibt, wie sie war. Ihr Gesicht ist neu, nicht aber ihr Rückgrat oder ihr Geist; diese brauchten kein Lifting.

Einige, die die Geschichte in ihrer Urfassung lasen, sagten mir, dass sie unfair den Idealen des Kollektivismus gegenüber sei; dies sei nicht, was Kollektivismus predige oder beabsichtige; Kollektivisten meinten oder befürworteten solche Dinge nicht; niemand befürworte sie.

Ich möchte nur aufzeigen, dass die Parole „Produktion für den Verbrauch und nicht für den Profit" heute von den meisten als Allgemeinplatz akzeptiert wird, als Allgemeinplatz, der ein legitimes, wünschenswertes Ziel ausdrückt. Falls irgendeine verständliche Bedeutung in dieser Parole steckt, dann nur die Idee, dass das Ziel der Arbeit eines Menschen die Bedürftigkeit anderer ist — nicht die eigene Bedürftigkeit, der eigene Wunsch oder der eigene Gewinn.

Zwangsarbeit wird heute in jedem Land der Welt praktiziert oder befürwortet. Worauf basiert sie, wenn nicht auf der Idee, dass der Staat am besten qualifiziert sei, zu entscheiden, wo ein Mensch für andere nützlich sein könne; dass dieser Nutzen der einzige Gesichtspunkt ist und seine eigenen Ziele, seine eigenen Wünsche und sein Glück als unwichtig ignoriert werden können?

Wir haben Räte für Beschäftigung, Räte für Eugenik, alle möglichen Räte, einschließlich eines Weltrates — und wenn diese noch keine absolute Macht über uns haben, liegt das an mangelnden Absichten?

„Gemeinwohl", „gesellschaftliche Ziele" und „gesellschaftliche Zwecke" sind mittlerweile tagtägliche Plattitüden in unserer Sprache geworden. Die Notwendigkeit einer gesellschaftlichen Rechtfertigung aller Aktivitäten ist heute selbstverständlich. Es gibt keinen noch so ungeheuerlichen Vorschlag, für den dessen Urheber nicht eine respektvolle Anhörung und Billigung bekommt, wenn er behauptet, dass er (irgendwie) dem „Allgemeinwohl" diene.

Einige (nicht jedoch ich) mögen denken, dass es vor neun Jahren eine Entschuldigung dafür gab, nicht zu sehen, in welche Richtung die Welt gegangen ist. Heute ist der Beweis so offenkundig, dass niemand mehr eine Entschuldigung beanspruchen kann. Jene, die nicht sehen wollen, sind weder blind noch unschuldig.

Vorwort der Autorin

Die größte Schuld liegt heute bei denen, die den Kollektivismus durch moralische Unterlassung annehmen; bei denen, die Schutz suchen vor der Notwendigkeit, für etwas einzustehen, indem sie sich weigern, sich selbst einzugestehen, was sie akzeptieren; bei denen, die Pläne unterstützen, die nur dafür entworfen wurden, Knechtschaft einzuführen, sich aber hinter der leeren Behauptung verstecken, dass sie die Freiheit lieben, ohne diesem Wort eine konkrete Bedeutung zu verleihen; bei denen, die glauben, dass der Inhalt von Ideen nicht untersucht werden müsse, dass Prinzipien nicht definiert werden müssten und dass Tatsachen ausgelöscht werden können, wenn man seine Augen geschlossen hält. Wenn sie sich dann in einer Welt aus Ruinen und Konzentrationslagern wiederfinden, erwarten sie, ihrer moralischen Verantwortung zu entkommen, indem sie jammern: „Aber das wollte ich nicht!"

Jene, die Sklaverei wollen, sollten den Anstand besitzen, sie beim Namen zu nennen. Sie müssen der vollen Bedeutung dessen ins Auge sehen, was sie befürworten oder dulden; die volle, exakte, spezifische Bedeutung des Kollektivismus, seine logischen Implikationen, die Prinzipien, auf denen er basiert und die letzten Konsequenzen, zu denen diese Prinzipien führen.

Dem müssen sie ins Auge sehen und dann entscheiden, ob sie das wollen oder nicht.

—Ayn Rand
April 1946

I

Es ist eine Sünde, dies zu schreiben. Es ist Sünde, Worte zu denken, die niemand anderes denkt und sie zu Papier zu bringen, wo niemand anderes sie sieht. Es ist niedrig und böse. Es ist, als sprächen wir zu keinen anderen Ohren als unseren eigenen. Und wir wissen, dass es kein schlimmeres Vergehen gibt, als allein zu handeln oder zu denken. Wir haben die Gesetze gebrochen. Die Gesetze sagen, dass die Menschen nicht schreiben dürfen, außer wenn der Rat der Berufe es gebietet. Möge uns vergeben werden!

Jedoch ist dies nicht die einzige Sünde, die auf uns lastet. Wir haben ein größeres Verbrechen begangen, und für dieses Verbrechen gibt es keinen Namen. Welche Strafe uns erwartet, wenn wir entdeckt werden, wissen wir nicht, denn seit Menschengedenken ist kein solches Verbrechen vorgekommen und es gibt keine Gesetze dafür.

Es ist dunkel hier. Die Flamme der Kerze steht still in der Luft. Nichts regt sich in diesem Tunnel, außer unserer Hand auf dem Papier. Wir sind allein hier unter der Erde. Allein! Ein schlimmes Wort. Die Gesetze sagen, dass kein Mensch allein sein darf, niemals und zu keiner Zeit, denn dies ist das große Vergehen und die Wurzel allen Übels. Doch wir haben viele Gesetze gebrochen. Und nun ist hier nichts außer unserem einen Körper, und es ist seltsam, nur zwei Beine auf dem Boden ausgestreckt zu sehen, und auf der Wand vor uns nur den Schatten unseres einen Kopfes.

Die Wände haben Risse, und Wasser läuft in dünnen Fäden an ihnen herab, lautlos, schwarz und glitzernd wie Blut. Wir stahlen die Kerze aus der Vorratskammer im Haus der Straßenkehrer. Wir würden zu zehn Jahren im Palast der Besserungshaft verurteilt, sei es entdeckt. Aber das zählt nicht. Es zählt nur, dass das Licht wertvoll ist, und wir würden es nicht verschwenden um zu schreiben, da wir es für die Arbeit brauchen, die unser Verbrechen ist. Nichts zählt außer der Arbeit — unsere geheime, unsere böse, unsere wertvolle Arbeit. Aber wir müssen auch schreiben, da — möge der Rat uns gnädig sein — wir einmal nur zu unseren eigenen Ohren sprechen wollen.

Unser Name ist Gleichheit 7-2521, wie es auch auf dem eisernen Armband steht, das alle Menschen an ihrem linken Handgelenk tragen, mit ihrem Namen darauf. Wir sind einundzwanzig

Jahre alt. Wir sind sechs Fuß groß, und dies ist eine Last, da nur wenige Menschen sechs Fuß groß sind. Immer haben die Lehrer und die Führer auf uns gedeutet, die Stirn gerunzelt und gesagt: *„Es ist Böses in euren Knochen, Gleichheit 7-2521, da euer Körper über die Körper euer Brüder hinausgewachsen ist."* Aber wir können weder unsere Knochen noch unseren Körper ändern.

Wir sind mit einem Fluch geboren. Er hat uns immer zu Gedanken getrieben, die verboten sind. Er hat uns immer Wünsche eingegeben, die Menschen nicht haben dürfen. Wir wissen, dass wir böse sind, aber es gibt keinen Willen und keine Macht in uns, ihm zu widerstehen. Dies ist unser Erstaunen und unsere geheime Angst, die wir kennen und der wir nicht widerstehen.

Wir bemühen uns, wie alle unsere Brüder zu sein, da alle Menschen gleich sein müssen. Über dem Portal des Palastes des Weltrates sind jene Worte in Stein gemeißelt, die wir für uns wiederholen, wann immer wir versucht sind:

„WIR SIND IN ALLEM EINS UND EINS IN ALLEM.
ES GIBT KEINE MENSCHEN AUSSER DEM GROSSEN WIR,
EINS, UNTEILBAR UND EWIG."

Wir wiederholen es für uns, aber es hilft uns nicht.

Diese Worte wurden vor langer Zeit eingemeißelt. Es liegt Grünspan in den Rillen der Worte, und es sind gelbe Streifen auf dem Marmor, von mehr Jahren als Menschen zählen können. Und diese Worte sind die Wahrheit, da sie auf dem Palast des Weltrates stehen, und der Weltrat verkörpert alle Wahrheit. So ist es seit der Großen Wiedergeburt gewesen, und weiter als das kann keine Erinnerung reichen.

Aber wir dürfen nie von den Zeiten vor der Großen Wiedergeburt sprechen, sonst werden wir zu drei Jahren im Palast der Besserungshaft verurteilt. Nur die Alten im Haus der Nutzlosen flüstern nachts davon. Sie flüstern viele seltsame Dinge, von den Türmen, die in den Himmel ragten, in jenen Unerwähnbaren Zeiten, und von den Wagen, die ohne Pferde fuhren und von den Lichtern, die ohne Flamme brannten. Aber diese Zeiten waren böse. Und diese Zeiten endeten, als die Menschen die Große Wahrheit sahen: dass alle Menschen eins sind und dass es keinen Willen gibt, außer dem gemeinsamen Willen aller Menschen.

Alle Menschen sind gut und weise. Nur wir, Gleichheit 7-2521, wir allein wurden mit einem Fluch geboren. Wir sind nicht wie unsere Brüder. Und wenn wir zurückblicken auf unser Leben, sehen wir, dass es immer so war und er uns Schritt um Schritt zu unserem letzten, größten Vergehen gebracht hat, das Verbrechen unserer Verbrechen, verborgen hier unter der Erde.

Kapitel I

Wir erinnern uns an das Haus der Säuglinge, wo wir zusammen mit allen Kindern der Stadt lebten, die im gleichen Jahr geboren wurden, bis wir fünf Jahre alt waren. Die Schlafsäle waren weiß und sauber und leer, bis auf einhundert Betten. Damals waren wir noch wie alle unsere Brüder, bis auf unser eines Vergehen: Wir stritten mit unseren Brüdern. Es gibt kaum schlimmere Vergehen, in welchem Alter und aus welchem Grund auch immer. Der Rat des Hauses sagte es uns, und von allen Kindern dieses Jahres wurden wir am häufigsten in den Keller gesperrt.

Als wir fünf Jahre alt waren, wurden wir ins Haus der Schüler geschickt, in dem es zehn Stationen gibt, für zehn Jahre des Lernens. Die Menschen müssen lernen, bis sie fünfzehn sind. Dann gehen sie zur Arbeit. Im Haus der Schüler standen wir auf, wenn die große Glocke im Turm läutete, und wir gingen zu Bett, wenn sie erneut erklang. Bevor wir unsere Kleider auszogen, standen wir im großen Schlafsaal und wir hoben unseren rechten Arm und sagten zusammen mit den drei Lehrern am Kopf der Reihe:

> „Wir sind nichts. Die Menschheit ist alles.
> Wir leben durch die Gnade unserer Brüder.
> Wir leben durch, von und für unsere Brüder,
> die der Staat sind. Amen."

Dann schliefen wir. Der Schlafsaal war weiß und sauber und leer, bis auf einhundert Betten.

Wir, Gleichheit 7-2521, waren nicht glücklich in den Jahren im Haus der Schüler. Nicht, weil das Lernen zu schwer für uns war. Das Lernen war zu einfach für uns. Dies ist eine Sünde, geboren zu sein mit einem Verstand, der zu schnell ist. Es ist nicht gut, anders zu sein als seine Brüder, doch es ist böse, ihnen überlegen zu sein. Dies sagten uns unsere Lehrer, und sie sahen uns finster an.

Also kämpften wir gegen den Fluch an. Wir versuchten, unsere Lektionen zu vergessen, aber wir erinnerten uns immer. Wir versuchten, nicht zu verstehen, was unsere Lehrer uns lehrten, aber wir verstanden es, noch bevor die Lehrer ausgeredet hatten. Wir schauten zu Einheit 5-3992, die ein bleicher Junge mit nur einem halben Gehirn waren, und wir versuchten zu tun und zu reden wie sie, um so zu sein wie sie, wie Einheit 5-3992, aber irgendwie merkten die Lehrer, dass wir es nicht waren. Und wir wurden öfter geschlagen als die anderen Kinder.

Die Lehrer waren gerecht, denn sie sind von den Räten ernannt worden, und die Räte sind die Stimme der Gerechtigkeit, denn sie sind die Stimme aller Menschen. Und wenn wir manchmal, in der geheimen Dunkelheit unseres Herzens, bedauern, was uns an unserem fünfzehnten Geburtstag zustieß, wissen

Kapitel I

wir, es geschah durch unsere eigene Schuld. Wir hatten ein Gesetz gebrochen, denn wir hatten nicht auf unsere Lehrer gehört. Die Lehrer hatten uns allen gesagt:

„Wagt nicht, in euren Köpfen die Arbeit zu wählen, die ihr gerne tätet, wenn ihr das Haus der Schüler verlasst. Ihr sollt tun, was der Rat der Beschäftigung für euch anordnet. Denn der Rat der Beschäftigung weiß in seiner großen Weisheit besser, wo ihr von euren Brüdern gebraucht werdet, als ihr es in euren unwürdigen Köpfen wissen könnt. Und wenn ihr nicht von euren Brüdern gebraucht werdet, gibt es keinen Grund, euch der Welt aufzubürden."

Wir wussten dies in den Jahren unserer Kindheit sehr wohl, aber unser Fluch brach unseren Willen. Wir waren schuldig und bekennen es hier: Wir waren des großen Vergehens der Bevorzugung schuldig. Wir bevorzugten einige Arbeiten und einige Lektionen gegenüber anderen. Wir passten nicht auf bei Geschichte aller seit der Großen Wiedergeburt gewählten Räte. Aber wir liebten die Wissenschaft der Dinge. Wir waren wissbegierig. Wir wünschten von allen Dingen zu wissen, aus denen die Erde um uns herum besteht. Wir stellten so viele Fragen, dass die Lehrer es verboten.

Wir denken, dass es Geheimnisse gibt, im Himmel und unter Wasser und in den Pflanzen, die wachsen. Aber der Rat der Gelehrten hat gesagt, dass es keine Geheimnisse gibt, und der Rat der Gelehrten weiß alles. Und wir lernten viel von unseren Lehrern. Wir lernten, dass die Erde flach ist und die Sonne sich um sie dreht, was Tag und Nacht verursacht. Wir lernten die Namen aller Winde, die über das Meer wehen und die Segel unserer großen Schiffe blähen. Wir lernten, wie man Menschen schröpft, um sie von ihren Leiden zu kurieren.

Wir liebten die Wissenschaft der Dinge. Und in der Dunkelheit, in der heimlichen Stunde, als wir in der Nacht erwachten und keine Brüder um uns waren, nur ihre Umrisse in ihren Betten und ihr Schnarchen, schlossen wir unsere Augen, pressten unsere Lippen zusammen und hielten unseren Atem an, sodass keine Regung unsere Brüder hören oder vermuten ließe, dass wir wünschten, ins Haus der Gelehrten geschickt zu werden, wenn unsere Zeit käme.

Alle großen modernen Erfindungen kommen aus dem Haus der Gelehrten, ebenso wie die neueste, die wir gerade erst vor einhundert Jahren machten — wie man aus Wachs und Docht Kerzen macht; ebenso, wie man Glas macht, das in unsere Fenster gesetzt wird, um uns vor dem Regen zu schützen. Um diese Dinge zu entdecken, müssen die Gelehrten die Erde studieren und von den Flüssen, dem Sand, den Winden und den Steinen lernen. Und falls wir ins Haus der Gelehrten kämen, könnten wir dies ebenso lernen. Wir könnten ihnen Fragen stellen, denn sie verbieten keine Fragen.

Und Fragen lassen uns keine Ruhe. Wir wissen nicht, warum unser Fluch uns suchen macht, immer und immer wieder. Aber wir können ihm nicht widerstehen. Er flüstert uns zu, dass es große Dinge in unserer Welt gibt, dass wir sie wissen können, wenn wir es versuchen — dass wir sie wissen müssen. Wir fragen, warum wir wissen müssen, aber er hat keine Antworten. Wir müssen wissen, um zu wissen.

Daher wünschten wir, ins Haus der Gelehrten geschickt zu werden. Wir wünschen es so sehr, dass unsere Hände nachts unter der Bettdecke zitterten, und wir bissen uns in den Arm, um den anderen Schmerz zu tilgen, den wir nicht ertragen konnten. Es war böse, und wir wagten nicht, unseren Brüdern am nächsten Morgen in die Augen zu sehen. Denn Menschen dürfen nichts für sich selbst wünschen. Und wir wurden bestraft, als der Rat der Beschäftigung kam um uns unseren Lebensauftrag zu geben, der denen, die ihr fünfzehntes Jahr erreichen, sagt, was ihre Arbeit sein wird, für den Rest ihrer Tage.

Der Rat der Beschäftigung kam am ersten Frühlingstag, und sie saßen in der großen Halle. Und wir, die wir fünfzehn Jahre alt waren, und alle Lehrer kamen in die große Halle. Und der Rat der Beschäftigung saß auf einem hohen Podium und hatte jedem Schüler nur zwei Worte zu sagen. Sie riefen den Namen des Schülers auf und, als die Schüler vor sie traten, einer nach dem anderen, sagte der Rat: „Zimmermann" oder „Arzt" oder „Koch" oder „Führer". Dann hob jeder Schüler den rechten Arm und sagte: *„Der Wille unserer Brüder geschehe."*

Wenn nun der Rat *„Zimmermann"* oder *„Koch"* sagt, gehen diese Schüler an die Arbeit und lernen nicht länger. Aber falls der Rat *„Führer"* sagt, gehen diese Schüler ins Haus der Führer, welches das größte Haus der Stadt ist, denn es hat drei Stockwerke. Und dort lernen sie für viele Jahre, sodass sie Kandidaten werden dürfen und zum Stadtrat und Staatsrat und Weltrat gewählt werden — durch freie und allgemeine Wahlen. Aber wir wollten kein Führer sein, obwohl es eine große Ehre ist. Wir wollten ein Gelehrter sein.

Also warteten wir in der großen Halle, und wir hörten dann den Rat der Beschäftigung unseren Namen aufrufen: *„Gleichheit 7-2521"*. Wir gingen zum Podium, und unsere Knie zitterten nicht, und wir blickten zum Rat auf. Dort waren fünf Mitglieder des Rates, drei männlichen Geschlechts und zwei des weiblichen. Ihre Haare waren weiß und ihre Gesichter runzlig wie der Ton eines trockenen Flussbettes. Sie erschienen älter als der Marmor des Tempels des Weltrates. Sie saßen vor uns und rührten sich nicht. Und kein Hauch bewegte die Falten ihrer weißen Togen. Aber wir wussten, dass sie lebendig waren, denn ein Finger der Hand des Ältesten hob sich, zeigte auf uns und senkte sich wieder. Das war das einzige, was sich bewegte, denn die Lippen des Ältesten bewegten sich nicht, als sie sagten: *"Straßenkehrer."*

Wir spürten die Bänder unseres Nackens sich spannen, als unser Kopf nach oben auf die Gesichter des Rates sah, und wir waren glücklich. Wir wussten, wir waren schuldig, doch jetzt konnten wir dafür büßen. Wir würden unseren Lebensauftrag annehmen und wir würden für unsere Brüder arbeiten, gerne und bereitwillig, und wir würden unsere Sünde gegen sie auslöschen, die sie nicht kannten, aber wir. Also waren wir glücklich und stolz auf uns und auf unseren Sieg über uns. Wir hoben unseren rechten Arm und wir sprachen, und unsere Stimme war die klarste, festeste Stimme in der Halle an diesem Tag, und wir sagten:

"Der Wille unserer Brüder geschehe."

Und wir schauten geradewegs in die Augen des Rates, aber ihre Augen waren wie kalte blaue Glasknöpfe.

Also gingen wir ins Haus der Straßenkehrer. Es ist ein graues Haus in einer engen Gasse. Dort im Hof steht eine Sonnenuhr, die dem Rat des Hauses die Stunden des Tages verrät und sagt, wann die Glocke zu schlagen sei. Wenn die Glocke läutet, erheben wir uns aus unseren Betten. Der Himmel ist grün und kalt in unseren Fenstern nach Osten. Der Schatten auf der Sonnenuhr wandert eine halbe Stunde während wir uns anziehen und unser Frühstück im Speisesaal essen, wo fünf lange Tische mit je zwanzig irdenen Tellern und Tassen auf jedem Tisch stehen. Dann gehen wir zur Arbeit in den Straßen der Stadt, mit unseren Besen und unseren Harken. Nach fünf Stunden, wenn die Sonne hoch steht, kehren wir zum Haus zurück und essen unser Mittagmahl, wofür eine halbe Stunde gewährt wird. Dann gehen wir wieder zur Arbeit. Nach fünf Stunden verdunkeln sich die Schatten auf dem Gehweg bläulich und der Himmel verdunkelt sich glanzlos und trüb. Wir kommen zurück um unser Abendbrot zu essen, das eine Stunde dauert. Dann läutet die Glocke und wir laufen in geschlossener Reihe zu einer der Stadthallen, zum Gemeinschaftstreffen. Weitere Reihen treffen von den Häusern der verschiedenen Berufe ein. Die Kerzen werden entzündet und die Räte der verschiedenen Häuser stehen in einer Kanzel und sprechen zu uns über unsere Pflichten und unsere Brüder. Dann ersteigen anwesende Führer die Kanzel und lesen uns die Reden vor, die an diesem Tag im Stadtrat gehalten wurden, denn der Stadtrat repräsentiert alle Menschen, und alle Menschen müssen die Reden kennen. Dann singen wir Hymnen, die Hymne der Brüderlichkeit, die Hymne der Gleichheit und die Hymne des Gemeinschaftsgeistes. Der Himmel ist ein schmutziges Lila, wenn wir zum Haus

Kapitel I

zurückkehren. Die Glocke läutet, und wir laufen in geschlossener Reihe zum Stadttheater, für drei Stunden sozialer Erbauung. Dort wird auf der Bühne ein Stück mit zwei großartigen Chören aus dem Haus der Schauspieler gezeigt, die alle zusammen in zwei großen Stimmen reden und antworten. Die Stücke handeln von Schwerstarbeit und wie gut sie ist. Dann laufen wir in geschlossener Reihe zurück zum Haus. Der Himmel ist wie ein schwarzes Sieb, durchstochen von zitternden, silbernen Tropfen, die bereit sind, zu zerspringen. Motten stoßen gegen die Straßenlaternen. Wir gehen zu Bett und schlafen bis die Glocke wieder läutet. Die Schlafsäle sind weiß und sauber und leer, bis auf einhundert Betten.

So lebten wir vier Jahre lang Tag für Tag, bis wir im Frühling vor zwei Jahren unser Verbrechen begingen. So müssen alle Menschen leben bis sie vierzig sind. Mit vierzig sind sie ausgelaugt. Mit vierzig werden sie ins Haus der Nutzlosen geschickt, wo die Alten leben. Die Alten arbeiten nicht, denn der Staat sorgt für sie. Sie sitzen im Sommer in der Sonne und im Winter am Feuer. Sie sprechen nicht viel, denn sie sind müde. Die Alten wissen, dass sie bald sterben müssen. Wenn ein Wunder geschieht und einige zufällig fünfundvierzig werden, sind sie die Uralten, und Kinder starren sie an, wenn sie am Haus der Nutzlosen vorbeikommen. So muss unser Leben sein, wie das unserer Brüder und der Brüder, die vor uns kamen.

So wäre unser Leben verlaufen, hätten wir nicht unser Verbrechen begangen, das alles für uns veränderte. Und es war unser Fluch, der uns dazu trieb. Wir waren ein guter Straßenkehrer und genau wie unsere Straßenkehrerbrüder, außer unserem verfluchten Wunsch, zu wissen. Wir schauten nachts zu lange zu den Sternen, den Bäumen und zur Erde. Und wenn wir den Hof des Hauses der Gelehrten säuberten, sammelten wir die Glasfläschchen, die Metallstücke und die vertrockneten Knochen auf, die sie weggeworfen hatten. Wir wollten diese Dinge behalten, um sie zu studieren, aber wir konnten sie nirgends verstecken. Somit brachten wir sie zur Müllhalde der Stadt. Und dann machten wir die Entdeckung.

Es war an einem Tag des vorletzten Frühlings. Wir Straßenkehrer arbeiten in Dreiergruppen, und wir waren zusammen mit Einheit 5-3992, die mit ihrem halben Gehirn, und mit International 4-8818. Nun sind Einheit 5-3992 ein kränklicher Bursche und haben manchmal Krämpfe, bei denen ihr Mund schäumt und ihre Augen weiß werden. Aber International 4-8818 sind anders. Sie sind ein großer, starker Junge, und ihre Augen sind wie Glühwürmchen, denn es ist Lachen in ihren Augen. Wir können International 4-8818 nicht ansehen, ohne zurückzulächeln. Dafür waren sie im Haus der Schüler nicht beliebt, da es sich nicht gehört, ohne Grund zu lächeln. Und sie waren auch nicht beliebt, weil sie Kohlestücke nahmen

Kapitel I

und Bilder an die Wände malten, die Menschen zum Lachen brachten. Aber nur unseren Brüdern im Haus der Künstler ist es erlaubt, Bilder zu malen, also wurde International 4-8818 ins Haus der Straßenkehrer geschickt, so wie wir.

International 4-8818 und wir sind Freunde. Es ist böse, dies zu sagen, denn es ist ein Vergehen, das Vergehen der Bevorzugung, einige Menschen mehr zu lieben als andere, da wir alle Menschen lieben müssen und alle Menschen unsere Freunde sind. Darum haben International 4-8818 nie davon gesprochen. Aber wir wissen es. Wir wissen es, wenn wir einander in die Augen schauen. Und wenn wir uns so anschauen, wissen wir auch andere Dinge, seltsame Dinge, für die es keine Worte gibt, und diese Dinge ängstigen uns.

An diesem Tag im vorletzten Frühling also, am Rande der Stadt, nahe dem Stadttheater, lagen Einheit 5-3992 in Krämpfen. Wir ließen sie im Schatten des Theaterzeltes und gingen mit International 4-8818 zurück an die Arbeit. Wir kamen an die große Schlucht hinter dem Theater. Bis auf Bäume und Sträucher ist sie leer. Hinter der Schlucht liegt eine Ebene und jenseits der Ebene liegt der Unverzeichnete Wald, an den Menschen nicht denken dürfen.

Als wir Papier und Lumpen einsammelten, die der Wind vom Theater hierher geweht hatte, sahen wir zwischen den Büschen eine Eisenstange. Sie war alt und rostig von vielen Regengüssen. Wir zogen mit all unserer Kraft, aber wir konnten sie nicht bewegen. Also riefen wir International 4-8818, und zusammen kratzten wir die Erde um die Stange weg. Plötzlich gab die Erde vor uns nach und wir sahen einen alten Eisenrost über einem schwarzen Loch. International 4-8818 traten beiseite. Wir aber zogen an dem Rost und er gab nach. Und dann sahen wir Eisenringe, die wie Stufen einen Schacht hinunter in bodenlose Dunkelheit führten.

„*Wir gehen hinunter*", sagten wir zu International 4-8818.

„*Es ist verboten*", antworteten sie.

Wir sagten: „*Der Rat weiß nichts davon, also kann es nicht verboten sein.*"

Und sie sagten: „*Da der Rat nichts von diesem Loch weiß, kann es kein Gesetz geben, das Zugang erlaubt. Und alles, was nicht gesetzlich erlaubt ist, ist verboten.*"

Aber wir sagten: „*Wir werden trotzdem gehen.*"

Sie hatten Angst, standen aber da und sahen uns zu.

Wir hingen mit unseren Händen und unseren Füßen an den Eisenringen. Unter uns konnten wir nichts sehen. Und über uns wurde das zum Himmel offene Loch kleiner und kleiner,

Kapitel I

bis es die Größe eines Knopfes hatte. Doch wir stiegen weiter hinab. Dann berührte unser Fuß den Boden. Wir rieben uns die Augen, denn wir konnten nicht sehen. Dann gewöhnten sich unsere Augen an die Dunkelheit, aber wir konnten nicht glauben, was wir sahen.

Keine uns bekannten Menschen konnten diesen Ort erbaut haben, noch den Brüdern vor uns bekannte Menschen, und doch wurde er von Menschen erbaut. Es war ein großer Tunnel. Seine Wände waren hart und glatt anzufassen; sie fühlten sich an wie Stein, aber es war kein Stein. Am Boden waren lange dünne Eisenschienen, doch es war kein Eisen; es fühlte sich so glatt und kalt an wie Glas. Wir knieten uns hin und krochen vorwärts, unsere Hand tastete an der eisernen Spur entlang, um zu sehen, wohin sie führen würde. Aber vor uns lag undurchdringliche Nacht. Nur die Eisenschienen schimmerten hindurch, gerade und weiß, und wiesen uns den Weg. Aber wir konnten ihr nicht folgen, denn der Lichtschein hinter uns ging uns verloren. Also machten wir kehrt und krochen zurück, mit unserer Hand auf der eisernen Spur. Und unser Herz schlug ohne Grund bis in unsere Fingerspitzen. Und dann wussten wir es.

Wir wussten plötzlich, dass dieser Ort aus den Unerwähnbaren Zeiten stammte. Also stimmte es: Diese Zeiten hatte es gegeben, und auch all die Wunder dieser Zeiten. Vor Aberjahrhunderten kannten die Menschen Geheimnisse, welche wir verloren haben. Und wir dachten: *„Dies ist ein abscheulicher Ort. Verdammt sind jene, die die Dinge aus den Unerwähnbaren Zeiten berühren."* Aber unsere Hand, die der Spur folgte, als wir krochen, klammerte sich an das Eisen, als ob sie sie nicht loslassen könnte, als ob die Haut unserer Hand durstig wäre und das Metall um eine geheime Flüssigkeit bäte, die in seiner Kälte schlägt.

Wir kehrten zur Erde zurück. International 4-8818 schauten uns an und wichen zurück.

„Gleichheit 7-2521", sagten sie, *„euer Gesicht ist bleich."*

Aber wir konnten nicht sprechen und sahen sie nur an.

Sie wichen zurück, als ob sie nicht wagten, uns zu berühren. Dann lächelten sie, aber es war kein fröhliches Lächeln, es war verloren und flehend. Aber wir konnten immer noch nicht sprechen. Dann sagten sie:

„Wir werden unseren Fund dem Stadtrat melden und beide belohnt werden."

Und dann sprachen wir. Unsere Stimme war hart und erbarmungslos. Wir sagten:

Kapitel I

"Wir werden unseren Fund nicht dem Stadtrat melden. Wir werden ihn niemandem melden."

Sie hoben ihre Hände an ihre Ohren, denn nie hatten sie solche Worte vernommen.

"International 4-8818", fragten wir, "werdet ihr uns dem Stadtrat melden und zusehen, wie wir zu Tode gepeitscht werden?"

Sie standen aufrecht und antworteten plötzlich: "Lieber würden wir sterben."

"Dann schweigt", sagten wir. "Dieser Ort ist unser. Dieser Ort gehört uns, Gleichheit 7-2521, und keinem anderen Menschen auf der Welt. Und wenn wir ihn je aufgeben, werden wir unser Leben mit aufgeben."

Dann sahen wir, dass die Augen von International 4-8818 bis zum Rand voller Tränen waren, die sie nicht zu vergießen wagten. Sie flüsterten, und ihre Stimme zitterte, sodass ihre Worte jeglichen Klang verloren:

"Der Wille des Rates steht über Allem, denn es ist der Wille unserer Brüder, der heilig ist. Aber wenn ihr es so wünscht, werden wir euch gehorchen. Wir wären lieber schlecht mit euch als gut mit all unseren Brüdern. Möge der Rat unseren beiden Herzen gnädig sein!"

Dann liefen wir zusammen zurück zum Haus der Straßenkehrer. Und wir liefen schweigend.

So begab es sich, dass wir, Gleichheit 7-2521, uns jeden Abend, wenn die Sterne hoch stehen und die Straßenkehrer im Stadttheater sitzen, hinausstehlen und durch die Dunkelheit zu unserem Versteck laufen. Es ist leicht, das Theater zu verlassen; wenn die Kerzen ausgeblasen werden und die Schauspieler auf die Bühne kommen, können uns keine Augen sehen, wie wir unter unserem Sitz und unter der Zeltplane hindurchkriechen. Später ist es einfach, sich durch die Schatten zu stehlen und in Reih und Glied neben International 4-8818 zu stehen, wenn die Kolonne das Theater verlässt. Es ist dunkel in den Straßen und es sind keine Menschen unterwegs, denn niemand darf durch die Stadt laufen, wenn sie keinen Auftrag haben. Jeden Abend laufen wir zur Schlucht und entfernen die Steine, die wir auf den Eisenrost geschichtet haben, um ihn vor Menschen zu verstecken. Jeden Abend sind wir für drei Stunden unter der Erde, allein.

Wir haben Kerzen aus dem Haus der Straßenkehrer gestohlen, wir haben Feuerstein und Messer und Papier gestohlen und sie hierhin gebracht. Wir haben Glasfläschchen und Pulver und Säuren aus dem Haus der Gelehrten gestohlen. Jetzt sitzen wir für drei Stunden im Tunnel und wir lernen. Wir schmelzen seltsame Metalle und wir mischen Säuren und wir schneiden

Kapitel I

Tierkörper auf, die wir auf der Müllhalde finden. Wir haben aus Ziegeln, die wir in den Straßen aufgesammelt haben, einen Ofen gebaut. Wir verbrennen das Holz, das wir in der Schlucht finden. Das Feuer flackert im Ofen und blaue Schatten tanzen auf den Wänden, und kein menschliches Geräusch stört uns.

Wir haben Manuskripte gestohlen. Das ist ein großes Vergehen. Manuskripte sind wertvoll, denn unsere Brüder im Haus der Schreiber verbringen ein Jahr damit, ein einziges Skript in ihrer sauberen Handschrift zu kopieren. So sitzen wir unter der Erde und lesen die gestohlenen Schriften. Zwei Jahre sind vergangen, seit wir diesen Ort fanden. Und in diesen zwei Jahren haben wir mehr gelernt als in zehn Jahren im Haus der Schüler.

Wir haben Dinge gelernt, die nicht in den Schriften stehen. Wir haben Geheimnisse gelüftet, von denen die Gelehrten keine Kenntnis haben. Wir haben begonnen zu sehen, wie groß das Unerforschte ist. Selbst viele Leben werden unserer Suche kein Ende bringen. Wir wünschen nichts, außer allein zu sein und zu lernen und zu spüren, wie unsere Sicht mit jedem Tag schärfer wird als die des Falken, und klarer als Bergkristall.

Seltsam sind die Wege des Bösen. Wir sind falsch im Angesicht unserer Brüder. Wir widersetzen uns dem Willen der Räte. Wir allein, von den Tausenden, die auf dieser Erde wandeln, wir allein tun in dieser Stunde eine Arbeit, die keinen Zweck hat, außer dass wir sie zu tun wünschen. Das Böse unseres Verbrechens kann der menschliche Geist nicht ausloten. Die Art unserer Bestrafung, sei es entdeckt, kann das menschliche Herz nicht ersinnen. Niemals, im Gedächtnis der Ältesten der Uralten, niemals haben Menschen getan, was wir tun.

Und doch empfinden wir keine Scham und kein Bedauern. Wir sagen uns, dass wir ein Wicht und ein Verräter sind. Doch fühlen wir keine Last auf unserem Geist und keine Angst in unserem Herzen. Und es scheint uns, dass unser Geist klar wie ein See ist, der nur von den Augen der Sonne berührt wird. Und in unserem Herzen — seltsam sind die Wege des Bösen! — in unserem Herzen ist zum ersten Mal seit zwanzig Jahren Frieden.

II

Freiheit 5-3000... Freiheit 5-3000...
Freiheit Fünf-Dreitausend...

Wir wünschen, diesen Namen zu schreiben. Wir wünschen ihn auszusprechen, aber wir wagen nicht, ihn lauter zu sagen als ein Flüstern. Denn Männer dürfen von Frauen keine Notiz nehmen, und Frauen dürfen von Männern keine Notiz nehmen. Aber wir denken an eine unter den Frauen, die, deren Name Freiheit 5-3000 ist, und wir denken an keine anderen.

Die Frauen, denen Feldarbeit zugewiesen wurde, leben im Haus der Bauern vor der Stadt. Wo die Stadt endet, gibt es eine große Straße, die sich gen Norden schlängelt, und wir Straßenkehrer müssen diese Straße bis zum ersten Meilenstein sauber halten. Längs der Straße ist eine Hecke und jenseits der

Hecke liegen die Felder. Die Felder sind schwarz und gepflügt, und sie liegen vor uns wie ein großer Fächer, dessen Furchen sich in einer Hand jenseits des Himmels vereinigen, kommen aus dieser Hand wieder heraus, öffnen sich weit, kommen auf uns zu wie schwarze Falten, die mit dünnen grünen Pailletten funkeln. Frauen arbeiten auf den Feldern, und ihre weißen Schürzen sind im Wind wie die Flügel der Möwen über der schwarzen Erde.

Und dort geschah es, dass wir Freiheit 5-3000 sahen, die an den Furchen entlangliefen. Ihr Körper war gerade und schlank wie eine Klinge aus Eisen. Ihre Augen waren dunkel und hart und glühend, ohne Angst, Güte oder Schuld darin. Haare, golden wie die Sonne hatten sie; ihre Haare flogen im Wind, leuchtend und wild, als ob sie die Menschen herausforderten, sie zu zähmen. Sie warfen Samen aus ihrer Hand, als ob sie sich herabließen, verächtlich ein Geschenk wegzuwerfen, und die Erde war ein Bettler zu ihren Füßen.

Wir rührten uns nicht; zum ersten Mal empfanden wir Furcht und dann Schmerz. Und wir rührten uns nicht, um ihn nicht zu vergießen, diesen Schmerz, wertvoller als Freude.

Dann hörten wir eine Stimme der anderen ihren Namen rufen: *„Freiheit 5-3000"*, und sie drehten sich um und liefen zurück. So erfuhren wir ihren Namen und wir beobachteten sie, bis ihre weiße Schürze sich im blauen Nebel verlor. Und als wir am folgenden Tag zur nördlichen Straße kamen, hefteten wir unsere Augen auf Freiheit 5-3000 auf dem Feld. Und jeden Tag danach erfuhren wir auf der nördlichen Straße für eine Stunde den Schmerz des Wartens. Und dort beobachteten wir jeden Tag Freiheit 5-3000. Wir wissen nicht, ob sie uns auch sahen, aber wir denken, dass sie es taten.

Eines Tages dann kamen sie nah an die Hecke und drehten sich plötzlich zu uns um. Sie wirbelten herum, und die Bewegung endete so abrupt wie sie begonnen hatte. Sie standen starr wie Stein und sahen uns geradeheraus an, direkt in unsere Augen. Es gab kein Lächeln auf ihrem Gesicht, kein Willkommen. Aber sie hatten ein straffes Gesicht und ihre Augen waren dunkel. Ebenso schnell drehten sie sich um und gingen von uns fort.

Doch den folgenden Tag, als wir zur Straße kamen, lächelten sie. Lächelten zu und für uns. Und wir lächelten zurück. Ihr Kopf fiel zurück und ihre Arme herab, als ob ihre Arme und ihr weißer Nacken von großer Mattigkeit befallen würden. Sie schauten nicht uns, sondern den Himmel an. Dann blickten sie über ihre Schulter zu uns, und wir fühlten uns, als ob eine Hand unseren Körper berührt hätte und langsam von unseren Lippen bis zu unseren Füßen glitte.

Jeden Morgen danach grüßten wir einander mit unseren Augen. Wir wagten nicht zu sprechen. Es ist ein Vergehen, mit Menschen aus anderen Handwerken zu sprechen, außer in Gruppen bei den Versammlungen. Doch einmal, als wir an der Hecke standen, hoben wir unsere Hand an unsere Stirn und bewegten sie, mit der Handfläche nach unten, langsam auf Freiheit 5-3000 zu. Hätten die anderen es gesehen, hätten sie nichts ahnen können, denn es sah bloß so aus, als ob wir unsere Augen vor der Sonne beschirmt hätten. Aber Freiheit 5-3000 sahen es und verstanden. Sie hoben ihre Hand an ihre Stirn und bewegten sie wie wir. Auf diese Weise grüßen wir Freiheit 5-3000 jeden Tag, und sie antworten, und so können keine Menschen Verdacht schöpfen.

Wir wundern uns nicht über diese unsere neue Sünde. Es ist unser zweites Vergehen der Bevorzugung, denn wir denken nicht an all unsere Brüder, so wie wir müssen, sondern nur an eine, und deren Name ist Freiheit 5-3000. Wir wissen nicht, warum wir an sie denken. Wir wissen nicht, warum, wenn wir an sie denken, wir plötzlich fühlen, dass die Welt gut ist und dass es keine Last ist, zu leben.

Wir denken nicht mehr an sie als Freiheit 5-3000. Wir haben ihnen in unseren Gedanken einen Namen gegeben. Wir nennen sie Die Goldene. Aber es ist Sünde, Menschen Namen zu geben, die sie von anderen unterscheiden. Trotzdem nennen

Kapitel II

wir sie Die Goldene, denn sie sind nicht wie die anderen. Die Goldene sind nicht wie die anderen.

Und so beachten wir das Gesetz nicht, das besagt, dass Männer nicht an Frauen denken sollen, außer zur Paarungszeit. Dies ist die Zeit in jedem Frühjahr, wenn alle Männer über zwanzig und alle Frauen über achtzehn für eine Nacht in den Palast der Paarung geschickt werden. Und jeder der Männer kriegt vom Rat der Eugenik eine Frau zugewiesen. Jeden Winter werden Kinder geboren, doch Frauen sehen ihre Kinder nie, und Kinder lernen ihre Eltern nie kennen. Zweimal wurden wir in den Palast der Paarung geschickt, doch es ist eine hässliche und beschämende Sache, an die wir nicht gerne denken.

Wir haben so viele Gesetze gebrochen, und heute haben wir ein weiteres gebrochen. Heute sprachen wir mit der Goldenen.

Die anderen Frauen waren weit entfernt im Feld, als wir bei der Hecke neben der Straße anhielten. Die Goldene knieten alleine am Wassergraben, der durch das Feld verläuft. Und die Tropfen, die durch ihre Hände fielen, als sie das Wasser an ihre Lippen führten, waren wie Funken in der Sonne. Die Goldene sahen uns und sie bewegten sich nicht, knieten und sahen uns an. Kreise aus Sonnenlicht spiegelten sich auf ihrer weißen Schürze, und ein funkelnder Tropfen fiel von einem Finger ihrer Hand, den sie wie erstarrt in die Luft hielten.

Dann erhoben sich Die Goldene und liefen zur Hecke, als ob sie einen Befehl in unseren Augen vernommen hätten. Die beiden anderen Straßenkehrer unserer Gruppe waren hundert Schritte weiter entfernt auf der Straße. Und wir dachten, dass International 4-8818 uns nicht verraten und Einheit 5-3992 nicht verstehen würden.

Also schauten wir Die Goldene geradewegs an, und wir sahen die Schatten ihrer Wimpern auf ihren weißen Wangen und die Funken der Sonne auf ihren Lippen. Und wir sagten:

„Ihr seid schön, Freiheit 5-3000."

Ihr Gesicht blieb unbeweglich, und sie wandten ihre Augen nicht ab. Nur ihre Augen weiteten sich, und es lag Triumph in ihren Augen, und es war kein Triumph über uns, sondern über Dinge, die wir nicht erahnen konnten.

Dann fragten sie: „Wie ist euer Name?"

„Gleichheit 7-2521", sagten wir.

„Ihr seid nicht wie unsere Brüder, Gleichheit 7-2521, denn wir wünschen nicht, dass ihr es seid."

Wir können nicht sagen, was sie meinten, denn es gibt keine Worte für das, was sie meinten, aber wir wussten es ohne Worte, und wir wussten es in diesem Moment.

„Nein", antworteten wir, „noch seid ihr wie unsere Schwestern."

„Wenn ihr uns unter Dutzenden von Frauen erblickt, werdet ihr uns ansehen?"

„Wir werden euch ansehen, Freiheit 5-3000, wenn wir euch unter allen Frauen der Welt erblicken."

Dann fragten sie: „Werden die Straßenkehrer zu verschiedenen Stadtteilen geschickt, oder arbeiten sie immer am gleichen Ort?"

„Sie arbeiten am gleichen Ort", antworteten wir, „und niemand wird uns diese Straße wegnehmen."

„Eure Augen", sagten sie, „sind nicht wie die Augen der anderen."

Und plötzlich überfiel uns grundlos ein Gefühl, und uns war kalt, kalt bis hinunter in den Magen.

„Wie alt seid ihr?", fragten wir.

Sie verstanden unseren Gedanken, denn sie senkten zum ersten Mal ihre Augen.

„Siebzehn", flüsterten sie.

Und wir seufzten, als ob eine Last von uns genommen worden sei, denn wir hatten ohne Grund an den Palast der Paarung gedacht. Und wir dachten, dass wir es nicht zulassen würden, dass Die Goldene in den Palast der Paarung geschickt wird.

Wie wir es verhindern, wie wir den Willen des Rates aufhalten würden, wussten wir nicht, wussten aber plötzlich, dass wir es tun würden.

Nur wussten wir nicht, warum uns ein solcher Gedanke kam, denn diese hässlichen Angelegenheiten haben nichts mit uns und der Goldenen zu tun. Was sollten sie mit uns zu tun haben?

Trotzdem fühlten wir, als wir an der Hecke standen, ohne Grund, wie unsere Lippen schmal wurden vor Hass, einen plötzlichen Hass gegen all unsere Brüder. Und Die Goldene sahen es und lächelten langsam, und in ihrem Lächeln lag die erste Traurigkeit, die wir bei ihnen sahen. Wir denken, dass Die Goldene mit der Weisheit der Frauen mehr verstanden hatten als wir.

Dann erschienen drei der Schwestern und kamen auf die Straße zu, sodass Die Goldene von uns fortliefen. Sie nahmen die Tasche mit den Samen, und während sie gingen, warfen sie die Samen in die Furchen der Erde. Aber die Samen flogen wild umher, denn die Hand der Goldenen zitterte.

Und doch, als wir zum Haus der Straßenkehrer zurückliefen, war uns ohne Grund zum Singen zumute. Also wurden wir an diesem Abend im Speisesaal gerügt, denn ohne es zu wissen, hatten wir begonnen, lauthals eine Melodie zu singen, die wir noch nie gehört hatten. Doch es ist ungehörig, grundlos zu singen, außer bei Gemeinschaftstreffen.

„Wir singen, weil wir glücklich sind", antworteten wir einem Rat des Hauses, die uns rügten.

„Natürlich seid ihr glücklich", antworteten sie. *„Was können Menschen sonst sein, wenn sie für ihre Brüder leben?"*

Und jetzt, da wir hier in unserem Tunnel sitzen, wundern wir uns über diese Worte. Es ist verboten, nicht glücklich zu sein. Denn, wie es uns erklärt wurde, sind die Menschen frei und die Erde gehört ihnen; und alle Dinge auf der Erde gehören allen Menschen; und der Wille aller Menschen ist gut für alle; und deshalb müssen alle Menschen glücklich sein.

Doch wie wir des Nachts in der großen Halle stehen und unsere Kleidung zum Schlafen ausziehen, schauen wir unsere Brüder an und wundern uns. Die Köpfe unserer Brüder sind gesenkt. Die Augen unserer Brüder sind leer, und nie schauen sie einander in die Augen. Die Schultern unserer Brüder sind gebeugt und ihre Muskeln angespannt, als ob ihre Körper schrumpfen und wünschten, außer Sicht zu schrumpfen. Und ein Wort kommt uns in den Sinn, wenn wir unsere Brüder ansehen, und dieses Wort lautet Angst.

Angst liegt in der Luft der Schlafsäle und in der Luft der Straßen. Angst läuft durch die Stadt, namenlose Angst, ohne Gestalt. Alle Menschen empfinden sie und niemand wagt zu sprechen.

Wir fühlen sie auch, wenn wir im Haus der Straßenkehrer sind. Aber hier in unserem Tunnel spüren wir sie nicht länger. Die Luft ist rein unter der Erde. Es gibt keinen Geruch von Menschen. Und diese drei Stunden geben uns die Kraft für die Stunden oben auf der Erde.

Unser Körper verrät uns, denn der Rat des Hauses sieht uns misstrauisch an. Es ist nicht gut, zu viel Freude zu fühlen oder glücklich zu sein, dass unser Körper lebt. Denn wir sind nicht wichtig, und es darf nichts ausmachen, ob wir leben oder sterben, was geschehen wird, wie unsere Brüder es wünschen. Aber wir, Gleichheit 7-2521, sind glücklich, am Leben zu sein. Wenn dies ein Laster ist, dann wünschen wir keine Tugend.

Doch unsere Brüder sind nicht wie wir. Es stimmt etwas nicht mit unseren Brüdern. Da sind Brüderlichkeit 2-5503, ein stiller Junge mit weisen, freundlichen Augen, die plötzlich ohne Grund weinen, mitten am Tag oder in der Nacht, und ihr Körper wird von Schluchzern geschüttelt, die sie nicht erklären können. Da sind Solidarität 9-6347, ein heller Bursche, ohne Furcht am Tage; aber sie schreien im Schlaf, und sie schreien:

Kapitel II

"Helft uns! Helft uns! Helft uns!" in die Nacht, mit einer Stimme, die unsere Knochen erstarren lässt, doch die Ärzte können Solidarität 9-6347 nicht heilen.

Und während wir alle uns des Nachts im dämmrigen Schein der Kerzen ausziehen, sind unsere Brüder still, denn sie wagen nicht, die Gedanken ihres Geistes auszusprechen. Denn alle müssen einer Meinung sein, und da sie nicht wissen können, ob ihre Gedanken die Gedanken aller sind, fürchten sie zu sprechen. Und sie sind froh, wenn die Kerzen zur Nacht ausgeblasen werden. Doch wir, Gleichheit 7-2521, sehen durch das Fenster den Himmel an, und es gibt Frieden im Himmel, und Reinheit, und Würde. Und jenseits der Stadt liegt die Ebene, und jenseits der Ebene, schwarz gegen den schwarzen Himmel, liegt der Unverzeichnete Wald.

Wir wollen den Unverzeichneten Wald nicht ansehen. Wir wollen nicht an ihn denken. Doch immer kehren unsere Augen zurück zu diesem schwarzen Flecken. Die Menschen betreten den Unverzeichneten Wald nie, denn es gibt keine Macht, ihn zu erforschen und keinen Pfad, der durch die uralten Bäume führt, die seine schrecklichen Geheimnisse bewachen. Man flüstert, ein- oder zweimal in einhundert Jahren, flüchten einer der Stadtmenschen und rennen allein in den Unverzeichneten Wald, ohne Auftrag oder Grund.

Diese Menschen kehren nie zurück. Sie kommen um vor Hunger und durch die Klauen der wilden Tiere, die durch den Wald streifen. Doch unsere Räte sagen, dies sei nur eine Legende. Wir haben gehört, es gibt viele Unverzeichnete Wälder über das Land verteilt, zwischen den Städten. Und es wird geflüstert, dass sie über den Ruinen von vielen Städten aus den Unerwähnbaren Zeiten wachsen. Die Bäume haben die Ruinen verschlungen und die Knochen unter den Ruinen und all die Dinge, die zugrunde gingen.

Und wie wir den Unverzeichneten Wald ansehen, tief in der Nacht, denken wir an die Geheimnisse der Unerwähnbaren Zeiten. Und wir wundern uns, wie es sich begab, dass die Welt diese Geheimnisse verlor. Wir haben die Legenden des großen Kampfes gehört, in dem viele Menschen auf der einen und nur wenige auf der anderen Seite kämpften. Diese Wenigen waren die Bösen, und sie wurden besiegt. Dann wüteten große Feuer im ganzen Land. Und in diesem großen Feuer wurden die Bösen und alle von ihnen gemachten Dinge verbrannt. Und das Feuer, das die Dämmerung der Großen Wiedergeburt genannt wird, war das Schriftenfeuer, in dem alle Schriften der Bösen verbrannt wurden, und mit ihnen alle Worte der Bösen. Große Feuerberge standen für drei Monate auf den Plätzen der Städte. Dann kam die Große Wiedergeburt.

Kapitel II

Die Worte der Bösen... Die Worte der Unerwähnbaren Zeiten... Wie lauten die Worte, die wir verloren haben?

Möge der Rat uns gnädig sein! Wir hatten nicht den Wunsch, solch eine Frage aufzuschreiben, und wir wussten nicht, was wir taten, bis wir sie geschrieben hatten. Wir werden diese Frage nicht stellen und nicht denken. Wir werden nicht den Tod auf unser Haupt bringen.

Und doch... und doch...

Es gibt ein Wort, ein einziges Wort, das es in der Sprache der Menschen nicht gibt, das es aber gegeben hatte. Und dies ist das Unaussprechliche Wort, das Menschen nicht aussprechen oder hören dürfen. Doch manchmal, sehr selten, manchmal, irgendwo, finden einer unter den Menschen dieses Wort. Sie finden es auf Fetzen von alten Manuskripten oder eingeritzt in Überresten alter Steine. Doch wenn sie es aussprechen, werden sie dem Tode überantwortet. Kein Verbrechen wird mit dem Tode bestraft, außer diesem einen Verbrechen, das Aussprechen des Unaussprechlichen Wortes.

Wir haben einen dieser Menschen gesehen, die bei lebendigem Leib auf dem Stadtplatz verbrannt wurden. Und es war ein Anblick, der sich uns durch all die Jahre eingebrannt hat und uns quälte, uns verfolgte und uns keine Ruhe lässt. Wir waren damals ein Kind, zehn Jahre alt. Und wir standen auf dem großen Platz, mit allen Kindern und Menschen der Stadt, geschickt, um die Verbrennung zu sehen. Sie brachten den Verbrecher hinaus auf den Platz und führten ihn zum Scheiterhaufen. Sie hatten dem Verbrecher die Zunge herausgerissen, sodass sie nicht mehr sprechen konnten. Der Verbrecher waren jung und hochgewachsen. Sie hatten Haare aus Gold und Augen so blau wie der Morgen. Sie liefen zum Scheiterhaufen, und ihr Gang wankte nicht. Und von allen Gesichtern auf dem Platz, von allen Gesichtern, die kreischten und schrien und Flüche ausstießen, war ihr Gesicht das ruhigste und glücklichste.

Als die Ketten um ihren Körper um den Pfahl gewunden wurden und der Scheiterhaufen entzündet wurde, schauten der Verbrecher auf die Stadt. Ein Rinnsal aus Blut lief an ihren Mundwinkeln herab, doch auf ihren Lippen lag ein Lächeln. Und ein monströser Gedanke kam uns, der uns nie mehr verlassen hat. Wir hatten von Heiligen gehört. Es gibt Heilige der Arbeit, Heilige der Räte und die Heiligen der Großen Wiedergeburt. Doch hatten wir weder je einen Heiligen gesehen, noch das Abbild, wie ein Heiliger sein sollte. Und wir dachten dort auf dem Platz, dass dieses Gesicht vor uns in den Flammen das Abbild eines Heiligen wäre — das Gesicht des Verbrechers des Unaussprechlichen Wortes.

Als die Flammen höher stiegen, passierte etwas, das außer den unseren keine Augen sahen, da wir sonst heute nicht mehr am

Leben wären. Vielleicht schien es uns nur so, aber uns war, als hätten die Augen des Verbrechers unsere Augen aus der Menge herausgesucht und als sähen sie uns direkt an. Es lag kein Schmerz in ihren Augen und kein Wissen ob der Todesqual ihres Körpers. Es lag nur Freude in ihnen, und Stolz, ein Stolz, heiliger als es für menschlichen Stolz angemessen ist. Und es schien uns, als ob diese Augen versuchten, uns durch die Flammen hindurch etwas zu sagen, uns wortlos ein Wort in unsere Augen zu senden. Und es schien, als ob uns diese Augen bäten, dieses Wort aufzuschnappen und es nie wieder aus uns und aus der Welt verschwinden zu lassen. Doch die Flammen stiegen höher und wir konnten das Wort nicht erraten.

Wie — auch wenn wir dafür brennen müssen wie der Heilige auf dem Scheiterhaufen — wie lautet das Unaussprechliche Wort?

III

Wir, Gleichheit 7-2521, haben eine neue Naturgewalt entdeckt. Wir allein haben sie entdeckt und wir alleine wissen um sie.

Es ward gesagt. Jetzt lasst uns dafür ausgepeitscht werden, wenn es sein muss. Der Rat der Gelehrten hat gesagt, dass wir alle Dinge kennen, die es gibt, und dass die Dinge, die nicht alle kennen, daher nicht existieren. Doch wir denken, dass der Rat der Gelehrten blind ist. Nicht alle können die Geheimnisse dieser Erde sehen, sondern nur die, die sie suchen. Wir wissen es, denn wir haben ein Geheimnis entdeckt, das all unseren Brüdern unbekannt ist.

Wir wissen nicht, worin diese Kraft besteht, noch woher sie kommt. Doch wir kennen ihre Natur, wir haben sie beobachtet und mit ihr gearbeitet. Wir sahen sie zum ersten Mal vor zwei Jahren. Eines Nachts schnitten wir den Körper eines toten Frosches auf, als wir sein Bein zucken sahen. Er war tot, dennoch bewegte er sich. Irgendeine den Menschen unbekannte Kraft bewirkte die Bewegung. Wir konnten es nicht verstehen. Dann, nach vielen Versuchen, fanden wir die Antwort. Der Frosch hatte an einem Kupferdraht gehangen, und das Metall unseres Messers schickte eine fremde Kraft auf dem Kupfer durch den Frosch. Wir legten ein Stück Kupfer und ein Stück Zink in einen Behälter mit Salzlösung, hielten einen Draht daran, und da, unter unseren Fingern, war ein Wunder, das nie zuvor geschehen war, ein neues Wunder und eine neue Kraft.

Diese Entdeckung ließ uns keine Ruhe. Wir gingen ihr lieber nach als allen anderen. Wir arbeiteten damit, untersuchten sie auf mehr Weisen, als wir beschreiben können, und jeder Schritt war ein neues Wunder, das sich vor uns enthüllte. Wir erkannten, dass wir die größte Kraft auf Erden gefunden hatten. Denn sie setzt sich hinweg über alle Gesetze, die die Menschen kennen. Sie bewegt und dreht die Nadel des Kompasses, den wir aus dem Haus der Gelehrten stahlen; aber uns wurde als Kind beigebracht, dass der Magnet nach Norden weist und dass dies ein unabänderliches Gesetz ist; und doch trotzt unsere neue Kraft allen Gesetzen. Wir fanden heraus, dass sie den Blitz verursacht, und niemand wusste bisher, woher Blitze kommen. Bei Gewitter errichteten wir eine lange Eisenstange neben unserem Erdloch und beobachteten sie von unten. Wir sahen den Blitz einschlagen, wieder und wieder. Und jetzt wissen wir, dass Metall die Kraft des Himmels anzieht und dass Metall dazu gebracht werden kann, sie abzugeben.

Wir haben mit dieser unserer Erfindung seltsame Dinge gebaut. Wir benutzten dafür die Kupferdrähte, die wir hier unter der Erde fanden. Wir schritten mit einer Kerze die Länge unseres Tunnels ab. Wir konnten nicht weiter als eine halbe Meile gehen, denn Erde und Fels waren an beiden Enden eingestürzt. Aber wir sammelten alle Dinge, die wir fanden und brachten sie an unsere Arbeitsstelle. Wir fanden seltsame Kästen mit Metallstäben im Inneren, mit vielen Strängen und Spulen aus Metall. Wir fanden Drähte, die zu merkwürdigen kleinen Glaskugeln an den Wänden führten; sie enthielten Metallfäden, dünner als ein Spinnweben.

Diese Dinge helfen uns bei unserer Arbeit. Wir verstehen sie nicht, aber wir denken, dass die Menschen der Unerwähnbaren Zeiten unsere Kraft des Himmels gekannt hatten und dass diese Dinge eine Verbindung dazu hatten. Wir können jetzt nicht aufhören, obwohl es uns ängstigt, dass wir in unserem Wissen allein sind.

Kein Einzelner kann größere Weisheit besitzen als die Gelehrten, die von allen Menschen aufgrund ihrer Weisheit gewählt werden. Und doch, wir können es. Wir tun es. Wir haben dagegen angekämpft, es zu sagen, doch jetzt ist es gesagt. Und wenn schon. Wir vergessen alle Menschen, alle Gesetze und alles außer unseren Metallen und unseren Drähten. So viel ist noch zu lernen! Ein so langer Weg liegt noch vor uns, und was macht es schon, wenn wir ihn allein gehen müssen.

IV

Viele Tage vergingen, bevor wir wieder zur Goldenen sprechen konnten. Doch dann kam der Tag, an dem der Himmel weiß wurde, als ob die Sonne geborsten wäre und ihre Flamme in der Luft verteilt hätte. Und die Felder lagen still und atemlos da, und der Staub der Straße war weiß in der Glut. Daher waren die Frauen auf dem Feld müde und sie zauderten mit ihrer Arbeit und sie waren fern der Straße, als wir ankamen. Doch Die Goldene standen allein an der Hecke und warteten. Wir blieben stehen und sahen, dass ihre Augen, so hart und verächtlich der Welt gegenüber, uns ansahen, als ob sie jedem Wort gehorchen würden, das wir sprächen.

Und wir sagten: *„Wir haben euch in unseren Gedanken einen Namen gegeben, Freiheit 5-3000."*

„Wie lautet unser Name?", fragten sie.

„Die Goldene."

„Auch wir nennen euch nicht Gleichheit 7-2521, wenn wir an euch denken."

„Welchen Namen habt ihr uns gegeben?"

Sie sahen direkt in unsere Augen und sie hielten ihren Kopf hoch und sie antworteten:

„Der Unbesiegte."

Lange Zeit fehlten uns die Worte. Dann sagten wir:

„Solche Gedanken sind verboten, Goldene."

„Aber ihr denkt solche Gedanken und wünscht, dass wir sie denken."

Wir blickten in ihre Augen, und wir konnten nicht lügen.

„Ja", flüsterten wir, und sie lächelten, und dann sagten wir: *„Unsere Liebste, gehorcht uns nicht."*

Sie wichen zurück, und ihre Augen waren geweitet und still.

„Sprecht diese Worte noch einmal", flüsterten sie.

„Welche Worte?", fragten wir.

Kapitel IV

Aber sie antworteten nicht, und wir wussten es.

„Unsere Liebste", flüsterten wir.

Nie haben Männer dies zu Frauen gesagt.

Der Kopf der Goldenen senkte sich langsam und sie standen schweigend vor uns, ihre Arme an ihren Seiten, ihre Handflächen uns zugewandt, als ob ihr Körper unterwürfig unseren Augen ausgeliefert wäre. Und wir konnten nicht sprechen.

Dann hoben sie ihren Kopf, und sie sprachen einfach und sanft, als sei es ihr Wunsch, wir sollten ihre eigene Unruhe vergessen.

„*Der Tag ist heiß*", sagten sie, „und ihr habt viele Stunden gearbeitet. Ihr müsst müde sein."

„Nein", antworteten wir.

„*Es ist kühler auf dem Feld*", sagten sie, „*und es gibt Wasser zu trinken. Seid ihr durstig?*"

„Ja", antworteten wir, „*aber wir können nicht durch die Hecke.*"

„*Wir werden euch Wasser bringen*", sagten sie.

Dann knieten sie am Wassergraben, schöpften Wasser mit ihren Händen, standen auf und führten es an unsere Lippen.

Wir wissen nicht, ob wir das Wasser tranken. Wir wussten

jedoch plötzlich, dass ihre Hände leer waren und sie es wussten, doch wir hielten unsere Lippen immer noch an ihre Hände, und sie bewegten sich nicht.

Wir hoben unseren Kopf und traten zurück. Denn wir verstanden nicht, was uns dazu veranlasste, und wir hatten Angst, es zu verstehen.

Und Die Goldene traten zurück und schauten verwundert auf ihre Hände. Dann gingen Die Goldene fort, obwohl keine anderen kamen, und sie gingen rückwärts, als ob sie sich nicht von uns abwenden könnten, ihre Arme vor sich ausgestreckt, als ob sie ihre Arme nicht senken könnten.

Wir machten es. Wir erschufen es. Wir entrissen es dem Dunkel der Ewigkeit. Wir allein. Unsere Hände. Unser Geist. Unserer, einzig und allein.

Wir wissen nicht, was wir sagen. Unser Kopf dreht sich. Wir schauen auf das Licht, das wir gemacht haben. Uns wird vergeben werden für alles, was wir heute Nacht sagen…

Heute Nacht, nach mehr Tagen und Versuchen, als wir zählen können, schlossen wir den Bau eines seltsamen Dinges aus den Überresten der Unerwähnbaren Zeiten ab, einen Behälter aus Glas, dazu bestimmt, die Kraft des Himmels von größerer Stärke abzugeben, als wir je erreichten. Und als wir unsere Drähte an diesen Kasten hielten, als wir den Stromkreis schlossen — glühte der Draht! Er wurde lebendig, wurde rot, und ein Kreis aus Licht lag auf dem Stein vor uns.

Wir standen da und fassten uns an den Kopf. Wir konnten nicht fassen, was wir erschaffen hatten. Wir hatten keinen Feuerstein berührt, kein Feuer gemacht. Und doch war hier Licht, Licht, das aus dem Nirgendwo kam, Licht aus dem Herzen des Metalls.

Wir bliesen die Kerze aus, Dunkelheit verschluckte uns. Es gab nichts um uns herum, nichts außer Nacht und einen dünnen Streifen Feuer darin, wie ein Riss in der Mauer eines Gefängnisses. Wir streckten unsere Hände nach dem Draht aus und sahen unsere Finger in der roten Glut. Wir konnten unseren Körper weder fühlen noch sehen, und in diesem Moment existierten nur unsere beiden Hände über einem Draht, der in einem schwarzen Abgrund glühte.

Dann dachten wir an die Bedeutung dessen, was vor uns lag. Wir können unseren Tunnel erleuchten, und die Stadt, und alle Städte der Welt, nur mit Metall und Drähten. Wir können unseren Brüdern ein neues Licht geben, sauberer und heller als das, das sie kennen. Die Kraft des Himmels kann dazu gebracht werden, dem Willen des Menschen zu gehorchen. Es gibt keine Grenzen ihrer Geheimnisse und ihrer Macht, und sie kann dazu gebracht werden, uns alles zu gewähren, wenn wir uns dazu entschließen, zu fragen.

Kapitel V

Dann wussten wir, was zu tun war. Unsere Entdeckung ist zu groß, um unsere Zeit mit Straßenfegen zu verschwenden. Wir dürfen unser Geheimnis nicht für uns behalten, es nicht unter der Erde begraben. Wir müssen es ins Angesicht der Menschen bringen. Wir brauchen all unsere Zeit, wir brauchen die Arbeitszimmer im Haus der Gelehrten, wir wollen die Hilfe unserer Gelehrtenbrüder, und ihre Weisheit mit der unseren vereinen. Es liegt so viel Arbeit vor uns, vor allen Gelehrten der Welt.

In einem Monat kommt der Weltrat der Gelehrten in unserer Stadt zusammen. Es ist ein großer Rat, in den die Weisesten aller Länder gewählt werden, und er tritt einmal im Jahr in verschiedenen Städten der Welt zusammen. Wir werden zu diesem Rat gehen und werden ihnen als unser Geschenk den Glasbehälter mit der Kraft des Himmels vorlegen. Wir werden ihnen alles gestehen. Sie werden sehen, verstehen und vergeben. Denn unser Geschenk ist größer als unser Vergehen. Sie werden es dem Rat der Beschäftigung erläutern und wir werden dem Haus der Gelehrten zugewiesen werden. Dies ist bisher noch nie geschehen, doch auch noch nie ist den Menschen ein so großes Geschenk gemacht worden.

Wir müssen warten. Wir müssen unseren Tunnel beschützen, wie wir ihn noch nie beschützt haben. Denn sollte jemand außer den Gelehrten von unserem Geheimnis erfahren, würden sie nicht verstehen und uns nicht glauben. Sie würden nur unser Verbrechen sehen, allein gearbeitet zu haben, und sie würden uns und unser Licht zerstören. Wir machen uns nichts aus unserem Körper, doch unser Licht ist ...

Doch, wir machen uns etwas daraus. Zum ersten Mal machen wir uns etwas aus unserem Körper. Denn dieser Draht ist wie ein Teil unseres Körpers, wie eine aus uns herausgerissene Ader, die mit unserem Blut glüht. Sind wir stolz auf diesen Metallfaden, oder auf diese Hände, die ihn gemacht haben, und gibt es eine Grenze zwischen ihnen?

Wir strecken unsere Arme aus. Zum ersten Mal wissen wir, wie stark unsere Arme sind. Und ein seltsamer Gedanke kommt uns: Wir fragen uns zum ersten Mal in unserem Leben, wie wir aussehen. Menschen sehen ihre eigenen Gesichter nie und fragen ihre Brüder nie danach, denn es ist böse, seinem eigenen Gesicht oder Körper Bedeutung beizumessen. Aber heute Nacht, aus einem Grund, den wir nicht ermessen können, wünschen wir, es wäre uns möglich, das Abbild unserer eigenen Person zu kennen.

VI

Wir haben seit dreissig Tagen nicht geschrieben. Seit dreißig Tagen sind wir nicht hier gewesen, in unserem Tunnel. Wir wurden ertappt.

Es geschah in der Nacht als wir zuletzt schrieben. Wir vergaßen in jener Nacht, auf den Sand im Glas zu achten, der uns sagt, wann drei Stunden verstrichen sind und es Zeit ist, ins Stadttheater zurückzukehren. Als es uns wieder einfiel, war der Sand abgelaufen.

Wir hasteten zum Theater. Aber das große Zelt stand grau und still vor dem Himmel. Die Straßen der Stadt lagen dunkel und leer vor uns. Falls wir zurückgingen, um uns in unserem Tunnel zu verstecken, würden wir gefunden werden und mit uns unser Licht. Also gingen wir zum Haus der Straßenkehrer.

Als der Rat des Hauses uns befragte, schauten wir in die Gesichter des Rates, doch es war keine Neugier in diesen Gesichtern und keine Wut und keine Gnade. Daher, als der Älteste von ihnen uns fragten: *„Wo seid ihr gewesen?"*, dachten wir an unseren Glasbehälter und an unser Licht, und wir vergaßen alles andere.

Und wir antworteten:

„Wir werden es euch nicht sagen."

Der Älteste befragten uns nicht weiter. Sie wandten sich zu den beiden Jüngsten und sagten mit gelangweilter Stimme:

„Bringt unseren Bruder Gleichheit 7-2521 in den Palast der Besserungshaft. Peitscht sie aus, bis sie reden."

Somit wurden wir in das Steinzimmer unter dem Palast der Besserungshaft gebracht. Der Raum ist fensterlos und leer bis auf einen Eisenpfahl. Zwei Männer standen an dem Pfahl, nackt bis auf ihre Lederschürzen und die Lederhauben über ihren Gesichtern. Die, die uns gebracht hatten, traten hinaus und überließen uns den zwei Richtern, die in einer Ecke des Raumes standen. Die Richter waren kleine, dünne Männer, grau und gebeugt. Sie gaben den beiden Maskierten ein Zeichen.

Sie rissen uns unsere Kleider vom Leib, warfen uns auf unsere Knie und banden unsere Hände an den Eisenpfahl.

Kapitel VI

Der erste Peitschenhieb fühlte sich an, als ob unser Rückgrat entzwei gespalten worden wäre. Der zweite Hieb löschte den ersten aus, und für eine Sekunde spürten wir nichts, dann fuhr uns der Schmerz in die Kehle, und Feuer lief in unsere luftleeren Lungen. Doch wir schrien nicht.

Die Peitsche pfiff wie ein singender Wind. Wir versuchten die Hiebe zu zählen, aber wir kamen nicht nach. Wir wussten, dass die Hiebe auf unseren Rücken trafen, nur fühlten wir auf unserem Rücken nichts mehr. Ein glühendes Gitter tanzte vor unseren Augen, und wir dachten an nichts außer an das Gitter, ein Gitter, ein Gitter aus roten Quadraten, und dann wussten wir, dass wir die Quadrate des Gitters an der Tür ansahen und es waren auch Steinquadrate an den Wänden, und die Quadrate, welche die Peitsche in unseren Rücken schnitt, während sie wieder und wieder kreuzweise durch unser Fleisch zog.

Dann sahen wir eine Faust vor uns. Sie schlug unser Kinn hoch, und wir sahen den roten Schaum aus unserem Mund auf den verdorrten Fingern, und der Richter fragte:

„Wo seid ihr gewesen?"

Doch wir rissen unseren Kopf weg, bargen unser Gesicht auf unseren gebundenen Händen und bissen uns auf die Lippen.

Die Peitsche sauste wieder. Wir wunderten uns, wer glühende Asche auf den Fußboden sprenkelte, denn wir sahen rote Tropfen auf den Steinen um uns glitzern.

Dann nahmen wir nichts mehr wahr, außer zwei beständig knurrenden Stimmen, eine nach der anderen, obgleich wir wussten, dass sie im Abstand von vielen Minuten sprachen:

„Wo seid ihr gewesen wo seid ihr gewesen wo seid ihr gewesen wo seid ihr gewesen…"

Und unsere Lippen zitterten, doch der Laut rann zurück in unsere Kehle, und heraus kam nur:

„Das Licht… Das Licht… Das Licht…"

Dann wissen wir nichts mehr.

Wir öffneten unsere Augen. Wir lagen bäuchlings auf dem Steinfußboden einer Zelle. Wir schauten auf Hände, die weit vor uns auf den Steinen lagen und wir bewegten sie und wir wussten, dass es unsere Hände waren. Dann lächelten wir, denn wir dachten an das Licht und dass wir es nicht verraten hatten.

Wir lagen für viele Tage in unserer Zelle. Die Tür öffnete sich zweimal am Tage, einmal für die Männer, die uns Brot und Wasser brachten, und einmal für die Richter. Viele Richter

Kapitel VI

kamen in unsere Zelle, zuerst die niedrigsten und dann die meistgeehrten Richter der Stadt. Sie standen vor uns in ihren weißen Togen und sie fragten:

„Seid ihr bereit, zu sprechen?"

Wir lagen vor ihnen auf dem Boden, doch wir schüttelten unseren Kopf. Und sie gingen wieder.

Wir zählten jeden Tag und jede Nacht. Dann, heute Nacht, wussten wir, dass wir fliehen mussten. Denn morgen würde der Weltrat der Gelehrten in unserer Stadt zusammenkommen.

Es war einfach, aus dem Palast der Besserungshaft zu entkommen. Die Schlösser in den Türen sind alt, und es gibt keine Wachen. Es gibt keinen Grund für Wachen, denn die Menschen haben den Räten nie getrotzt, etwa durch Flucht von dem Platz, an den sie befohlen wurden. Unser Körper ist gesund und seine Kraft kehrt schnell zurück. Wir warfen uns gegen die Tür und sie gab nach. Wir stahlen uns durch die dunklen Passagen und durch die dunklen Straßen hinunter in unseren Tunnel.

Wir entzündeten eine Kerze und sahen, dass unser Ort nicht entdeckt und nichts berührt worden war. Und unser Glaskasten stand vor uns auf dem kalten Ofen, wie wir ihn zurückgelassen hatten. Was machen sie jetzt noch aus, die Narben auf unserem Rücken!

Morgen, im hellen Tageslicht, werden wir unseren Kasten nehmen und unseren Tunnel offen lassen und durch die Straßen zum Haus der Gelehrten gehen. Wir werden ihnen das größte Geschenk darbieten, das den Menschen je gemacht wurde. Wir werden ihnen die Wahrheit sagen. Wir werden ihnen, als unser Geständnis, diese Seiten, die wir geschrieben haben, überreichen. Wir werden ihnen die Hände reichen und wir werden zusammenarbeiten, mit der Kraft des Himmels, zum Ruhme der Menschheit. Gesegnet seiet ihr, unsere Brüder! Morgen werdet ihr uns zurück in eure Herde nehmen und wir werden nicht länger ein Ausgestoßener sein. Morgen werden wir wieder einer von euch sein. Morgen…

VII

Es ist dunkel hier im Wald. Die Blätter rauschen über unserem Kopf, schwarz vor dem letzten Gold des Himmels. Das Moos ist weich und warm. Wir werden viele Nächte auf diesem Moos schlafen, bis die Bestien des Waldes kommen und unseren Körper zerreißen. Wir haben jetzt kein Bett außer dem Moos und keine Zukunft, außer den Bestien.

Wir sind jetzt alt, doch wir waren jung an diesem Morgen, als wir unseren Glaskasten durch die Straßen der Stadt zum Haus der Gelehrten trugen. Niemand hielt uns an, denn es war niemand aus dem Palast der Besserungshaft zugegen, und die anderen wussten von nichts. Niemand hielt uns am Tor auf. Wir liefen durch die leeren Gänge zum großen Saal, wo der Weltrat der Gelehrten bei seinem feierlichen Treffen saß.

Als wir eintraten, sahen wir nur den glühenden, blauen Himmel in den großen Fenstern. Dann sahen wir die Gelehrten, die um einen langen Tisch saßen; sie waren formlosen Wolken gleich, zusammengekauert am Ursprung des großen Himmels. Dort waren Männer, deren berühmte Namen wir kannten, und andere, aus fernen Ländern, deren Namen wir noch nie gehört hatten. Wir sahen ein großes Gemälde an der Wand über ihren Köpfen, von den zwanzig erlauchten Menschen, die die Kerze erfunden hatten.

Alle Köpfe des Rates wandten sich zu uns um, als wir eintraten. Diese Großen und Weisen der Erde wussten nicht, was von uns zu halten sei und schauten uns verwundert und neugierig an, als ob wir ein Wunder wären. Es ist wahr, dass unser Hemd zerrissen und mit braunen Flecken übersät war, die einmal Blut gewesen waren. Wir hoben unseren rechten Arm und wir sagten:

„Gegrüßt seiet ihr, unsere verehrten Brüder des Weltrates der Gelehrten!"

Kollektiv 0-0009, der Älteste und Weiseste des Rates, sprachen und fragten:

„Wer seid ihr, unser Bruder? Denn ihr seht nicht aus wie ein Gelehrter."

Kapitel VII

„Unser Name ist Gleichheit 7-2521", antworteten wir, „und wir sind Straßenkehrer in dieser Stadt."

Dann war es, als ob ein großer Wind die Halle getroffen hätte, denn alle Gelehrten sprachen gleichzeitig, und sie waren ärgerlich und verängstigt.

„Ein Straßenkehrer! Ein Straßenkehrer kommt einfach in den Weltrat der Gelehrten. Das ist einfach unglaublich! Das ist gegen alle Regeln und Gesetze!"

Doch wir wussten, wie sie zu bremsen waren.

„Unsere Brüder", sagten wir. „Weder wir noch unser Vergehen zählen. Nur unsere Brüder zählen. Schenkt uns keinen Gedanken, denn wir sind nichts, doch höret unsere Worte, denn wir bringen euch ein Geschenk, wie es den Menschen noch nie gemacht wurde. Hört uns an, denn wir halten die Zukunft der Menschheit in unseren Händen."

Dann hörten sie.

Wir stellten unseren Glaskasten vor ihnen auf den Tisch. Wir sprachen über ihn und über unsere lange Suche und über unseren Tunnel und unsere Flucht aus dem Palast der Besserungshaft. Keine Hand, kein Auge im Saal rührte sich, als wir sprachen. Dann setzten wir die Drähte an den Kasten und alle beugten sich vor, saßen still da und schauten. Und auch wir standen da, mit unseren Augen auf dem Draht. Und langsam, langsam wie ein Blutstoß, zitterte eine rote Flamme im Draht. Dann glühte der Draht.

Doch Entsetzen ergriff die Männer des Rates. Sie sprangen auf, rannten vom Tisch fort und kauerten sich Schutz suchend gegen die Wand und die anderen Körper, deren Wärme ihnen Mut schenken sollte. Wir sahen sie an, und wir lachten und sagten:

„Fürchtet euch nicht, unsere Brüder. Es liegt eine große Kraft in diesen Drähten, doch diese Kraft ist gezähmt. Sie ist euer. Wir schenken sie euch."

Noch immer rührten sie sich nicht.

„Wir schenken euch die Kraft des Himmels!", riefen wir. *„Wir schenken euch den Schlüssel zur Erde! Nehmt ihn und lasst uns einer von euch sein, den Geringsten unter euch. Lasst uns zusammenarbeiten und diese Kraft nutzbar machen, um den Menschen die Arbeit zu erleichtern. Werfen wir unsere Kerzen und Fackeln weg. Durchfluten wir unsere Städte mit Licht. Bringen wir den Menschen ein neues Licht!"*

Doch sie schauten uns an, und plötzlich hatten wir Angst. Denn ihre Augen waren unbewegt und klein und bösartig.

„Unsere Brüder!", riefen wir. *„Habt ihr uns nichts zu sagen?"*

Kapitel VII

Dann traten Kollektiv 0-0009 vor. Sie traten an den Tisch, und die anderen folgten.

„Doch", sprachen Kollektiv 0-0009, *„wir haben euch viel zu sagen."*

Der Klang ihrer Stimme brachte den Saal und unseren Herzschlag zum Verstummen.

„Doch", sagten Kollektiv 0-0009, *„einem Kerl, der alle Gesetze gebrochen hat und mit seiner Schande prahlt, haben wir viel zu sagen! Wie konntet ihr euch den Gedanken anmaßen, dass euer Verstand größere Weisheit besitzt als der Verstand eurer Brüder? Und wenn die Räte verfügt hatten, dass ihr Straßenkehrer sein sollt, wie konntet ihr zu denken wagen, dass ihr der Menschheit von größerem Nutzen sein könntet als beim Straßenfegen?"*

„Wie konntet ihr es wagen, Straßenkehrer", sagten Brüderlichkeit 9-3452, *„euch mit euch alleine zu befassen und mit den Gedanken eines Einzelnen, und nicht denen der Vielen?"*

„Ihr sollt auf dem Scheiterhaufen brennen", sagten Demokratie 4-6998.

„Nein, ihr sollt gepeitscht werden", sagten Einmütigkeit 7-3304, *„bis nichts mehr da ist, um gepeitscht zu werden."*

„Nein", sagten Kollektiv 0-0009, „wir können darüber nicht

entscheiden, unsere Brüder. Kein solches Verbrechen ist je begangen worden, und wir werden nicht richten. Auch nicht irgendein kleiner Rat. Wir werden diese Kreatur dem Weltrat selbst übergeben und sein Wille geschehe."

Wir schauten sie an, und wir flehten:

„Unsere Brüder! Ihr habt recht! Lasst den Willen des Rates an unserem Körper geschehen. Das schert uns nicht. Aber das Licht! Was werdet ihr mit dem Licht tun?"

Kollektiv 0-0009 schauten uns an, und sie lächelten.

„Also ihr meint, dass ihr eine neue Kraft gefunden habt", sagten Kollektiv 0-0009. *„Denken das alle eure Brüder?"*

„Nein", antworteten wir.

„Was nicht alle Menschen denken, kann nicht wahr sein", sagten Kollektiv 0-0009.

„Ihr habt daran allein gearbeitet?", fragten International 1-5537.

„Ja", antworteten wir.

„Was nicht gemeinsam gemacht wird, kann nicht gut sein", sagten International 1-5537.

„Viele im Haus der Gelehrten haben in der Vergangenheit seltsame Ideen gehabt", sagten Solidarität 8-1164, *„doch als die*

Kapitel VII

Mehrheit ihrer Gelehrtenbrüder gegen sie stimmten, gaben sie ihre Ideen auf, wie es alle Menschen müssen."

"Dieser Kasten ist nutzlos", sagten Bündnis 6-7349.

"Sollte er sein, was ihr behauptet", sagten Eintracht 9-2642, "dann würde sie die Kerzenbehörde ruinieren. Die Kerze ist ein Segen für die Menschheit, und das wird von allen Menschen anerkannt. Deswegen darf sie nicht durch den Wunsch eines Einzelnen zerstört werden."

"Das würde die Pläne des Weltrates zunichtemachen", sagten Einmütigkeit 2-9913, "und ohne die Pläne des Weltrates kann die Sonne nicht aufgehen. Es dauerte fünfzig Jahre, die Zustimmung aller Räte für die Kerze zu sichern und über die benötigte Anzahl zu entscheiden und den Plan anzupassen, Kerzen statt Fackeln zu machen. Dies berührte Tausende und Abertausende Menschen, die in dutzenden Staaten arbeiten. Wir können die Pläne nicht schon so bald wieder ändern."

"Und falls dies die Arbeit der Menschen erleichtern sollte", sagten Gemeinsamkeit 5-0306, "dann ist es ein großes Übel, denn Menschen haben keinen Grund zu existieren, außer sie schuften für andere."

Dann erhoben sich Kollektiv 0-0009 und deuteten auf unseren Kasten.

„*Dieses Ding*", sagten sie, „*muss zerstört werden.*"

Und alle anderen schrien wie ein Mann:

„*Es muss zerstört werden!*"

Da sprangen wir an den Tisch.

Wir schoben sie beiseite, wir packten unseren Kasten und rannten zum Fenster. Wir drehten uns um und sahen sie ein letztes Mal an, und eine Wut, wie Menschen sie nicht fühlen dürften, würgte unsere Stimme in unserer Kehle.

„*Ihr Narren!*", schrien wir. „*Ihr Narren! Ihr dreimal verdammten Narren!*"

Wir schwangen unsere Faust durch die Fensterscheibe und sprangen in einem klingelnden Regen aus Glas hinaus.

Wir stürzten, doch nie ließen wir den Kasten aus unserer Hand fallen. Dann rannten wir. Wir rannten blindlings, und Menschen und Häuser schossen an uns vorbei, in einem Strom ohne Gestalt. Und die Straße schien nicht flach vor uns zu liegen, sondern so, als ob sie zu uns heraufsprang, um uns entgegenzukommen, und wir erwarteten, die Erde würde sich erheben und uns ins Gesicht schlagen. Aber wir rannten. Wir wussten nicht, wohin. Wir wussten nur, dass wir rennen mussten, rennen bis zum Ende der Welt, bis zum Ende unserer Tage.

Kapitel VII

Dann merkten wir plötzlich, dass wir auf weicher Erde lagen und dass wir angehalten hatten. Bäume, größer als wir sie je gesehen hatten, standen in großer Stille über uns. Dann wussten wir. Wir waren im Unverzeichneten Wald. Wir hatten nicht daran gedacht, hierher zu kommen, aber unsere Beine hatten unsere Weisheit getragen, und unsere Beine hatten uns gegen unseren Willen in den Unverzeichneten Wald gebracht.

Unser Glaskasten lag neben uns. Wir krochen darauf zu, fielen über ihn, unser Gesicht in unseren Armen, und wir lagen still da.

Wir lagen so für lange Zeit. Dann erhoben wir uns, nahmen unseren Kasten und liefen in den Wald.

Es war gleichgültig, wohin wir gingen. Wir wussten, dass Menschen uns nicht folgen würden, denn nie betreten sie den Unverzeichneten Wald. Von ihnen hatten wir nichts zu befürchten. Der Wald schafft seine Opfer selbst fort. Auch dies machte uns keine Angst. Wir wollten nur weg, weg von der Stadt und von der Luft, die die Luft der Stadt berührt. So gingen wir weiter, unseren Kasten in unseren Armen, unser Herz leer.

Wir sind verloren. Wie viele Tage uns auch verbleiben, wir werden sie allein verbringen. Und wir haben von der Verdorbenheit gehört, die in der Einsamkeit liegt. Wir haben uns selbst von der Wahrheit, die unsere Brüder sind, losgerissen, und es gibt für uns keinen Weg zurück und keine Erlösung.

Wir wissen diese Dinge, doch wir kümmern uns nicht darum. Nichts auf Erden kümmert uns. Wir sind müde.

Nur der Glaskasten in unseren Armen ist wie ein lebendes Herz, das uns Kraft gibt. Wir haben uns selbst belogen. Wir haben diesen Kasten nicht zum Wohle unserer Brüder gebaut. Wir haben ihn um seiner selbst willen gebaut. Er steht für uns über all unseren Brüdern, und seine Wahrheit über deren Wahrheit. Warum sich darüber wundern? Wir haben nicht mehr viele Tage zu leben. Wir gehen den Reißzähnen entgegen, die uns irgendwo unter den großen, stillen Bäumen erwarten. Nichts, was hinter uns liegt, ist zu bedauern.

Dann traf uns ein Schmerz, unser erster und einziger. Wir dachten an Die Goldene. Wir dachten an Die Goldene, die wir nie wiedersehen würden. Dann verging der Schmerz. Es ist am besten so. Wir sind einer der Verdammten. Es ist am besten, wenn Die Goldene unseren Namen und den Körper, der diesen Namen trug, vergessen.

VIII

Es war ein seltsamer Tag, dieser unser erster Tag im Wald.

Wir erwachten, als ein Sonnenstrahl auf unser Gesicht fiel. Wir wollten aufspringen, wie wir jeden Morgen unseres Lebens aufgesprungen waren, doch wir erinnerten uns plötzlich, dass keine Glocke geläutet hatte und dass auch keine läuten würde. Wir lagen auf unserem Rücken, wir streckten unsere Arme aus und sahen hinauf zum Himmel. Die Blätter hatten silberne Ränder, die zitterten und wogten wie ein grüner Fluss aus Feuer, der hoch über uns fließt.

Wir wollten uns nicht rühren. Wir dachten plötzlich, dass wir so liegen könnten, solange wir wünschten, und wir lachten laut auf bei dem Gedanken. Wir könnten auch aufstehen oder rennen, oder springen oder uns wieder hinlegen. Wir dachten, dass diese Gedanken sinnlos seien, doch bevor wir es merkten, hatte unser Körper sich mit einem Satz erhoben. Unsere Arme streckten sich aus eigenem Willen aus, und unser Körper wirbelte und wirbelte, bis er einen Luftzug erzeugte der durch die Blätter der Büsche rauschte. Dann ergriffen unsere Hände einen Ast und schwangen uns hoch in einen Baum, mit keinem Ziel, außer dem Wunder, die Stärke unserer Arme kennenzulernen. Der Ast brach unter uns und wir fielen auf das Moos, das weich wie ein Kissen war. Dann, jeden Verstand verlierend, rollte unser Körper auf dem Moos herum und herum, trockene Blätter in unserer Tunika, in unserem Haar, in unserem Gesicht. Und wir hörten plötzlich, dass wir lachten, laut lachten, lachten, als ob keine Kraft mehr in uns wäre außer Lachen.

Dann nahmen wir unseren Glaskasten und gingen in den Wald. Wir gingen weiter, bahnten uns einen Weg durch die Äste, und es war, als ob wir in einem Meer aus Blättern schwammen, mit den Büschen als Wellen, die um uns herum stiegen und fielen und ihre grüne Gischt hoch in die Wipfel schleudern. Die Bäume teilten sich vor uns und trieben uns vorwärts. Der Wald schien uns willkommen zu heißen. Wir liefen weiter, ohne Gedanken, ohne Sorge, ohne etwas anderes zu fühlen als das Lied unseres Körpers.

Kapitel VIII

Wir hielten an, als wir Hunger hatten. Wir sahen Vögel im Geäst, die vor unseren Schritten aufflogen. Wir hoben einen Stein auf und schickten ihn wie einen Pfeil gegen einen Vogel. Der Vogel fiel herunter. Wir machten ein Feuer, wir kochten den Vogel und wir aßen ihn, und kein Mahl hatte uns je besser geschmeckt. Und wir dachten plötzlich, dass es eine große Befriedigung ist, das Essen, das wir brauchen, von eigener Hand zu erlangen. Und wir wünschten, bald wieder hungrig zu sein, um wieder diesen seltsamen neuen Stolz des Essens zu erfahren.

Dann liefen wir weiter. Wir kamen an einen Bach, der wie ein gläserner Streifen zwischen den Bäumen lag. Er lag so still, dass wir kein Wasser sahen, sondern nur einen Einschnitt in der Erde, in dem die Bäume nach unten wuchsen und in dem der Himmel zuunterst lag. Wir knieten an dem Bach und beugten uns hinab, um zu trinken. Und dann hielten wir inne. Denn auf dem Blau des Himmels unter uns sahen wir zum ersten Mal unser Gesicht.

Wir saßen still und hielten unseren Atem an. Denn unser Gesicht und unser Körper waren schön. Unser Gesicht war nicht wie die Gesichter unserer Brüder, denn wir empfanden kein Mitleid, als wir es ansahen. Unser Körper war nicht wie die Körper unserer Brüder, denn unsere Glieder waren gerade und schlank und hart und stark. Und wir dachten, dass wir diesem Wesen, das uns aus dem Bach ansah, trauen könnten und dass wir von diesem Wesen nichts zu befürchten hätten.

Wir liefen weiter bis Sonnenuntergang. Als die Schatten sich unter den Bäumen sammelten, hielten wir in einer Höhle zwischen den Wurzeln, wo wir heute Nacht schlafen würden. Und plötzlich, zum ersten Mal an diesem Tag, erinnerten wir uns, dass wir die Verdammten sind. Wir erinnerten uns, und wir lachten.

Wir schreiben dies auf dem Papier, das wir in unserer Tunika versteckt hatten, zusammen mit den beschriebenen Seiten, die wir für den Weltrat der Gelehrten mitgebracht hatten, ihnen aber nie gegeben hatten. Wir haben uns selbst viel zu sagen, und wir hoffen, wir werden in den kommenden Tagen die Worte dafür finden. Jetzt können wir nicht sprechen, denn wir können nicht verstehen.

IX

Wir haben seit vielen Tagen nicht geschrieben. Wir wünschten nicht zu sprechen. Denn wir brauchten keine Worte, uns dessen zu erinnern, was uns passiert war.

Es war an unserem zweiten Tag im Wald, als wir hinter uns Schritte vernahmen. Wir versteckten uns in den Büschen und warteten. Die Schritte kamen näher. Und dann sahen wir die Falten einer weißen Tunika durch die Bäume und einen Schimmer von Gold.

Wir sprangen vorwärts, wir rannten auf sie zu, und wir standen da und sahen Die Goldene.

Sie sahen uns, und ihre Hände schlossen sich zu Fäusten, und die Fäuste zogen ihre Arme hinab, als ob sie wünschten, ihre Arme würden sie halten, während ihr Körper schwankte. Und sie konnten nicht sprechen.

Wir wagten nicht, ihnen zu nahe zu kommen. Unsere Stimme zitterte, und wir fragten:

„Wie kommt es, dass ihr hier seid, Goldene?"

Doch sie flüsterten nur:

„Wir haben euch gefunden..."

„Wie kommt es, dass ihr im Wald seid?", fragten wir.

Sie hoben ihren Kopf, und es lag großer Stolz in ihrer Stimme; sie antworteten:

„Wir sind euch gefolgt."

Uns versagte die Stimme, und sie sagten:

„Wir hörten, dass ihr in den Unverzeichneten Wald gegangen seid, denn die ganze Stadt spricht davon. Also rannten wir, in der Nacht des Tages, als wir davon hörten, fort aus dem Haus der Bauern. Wir fanden die Spuren eurer Füße auf der Ebene, wo sonst niemand läuft. Also folgten wir ihnen, und wir gingen in den Wald und wir folgten dem Pfad, wo die Äste durch euch abgeknickt waren."

Kapitel IX

Ihre weiße Tunika war zerrissen, und die Äste hatten die Haut ihrer Arme zerschnitten, doch sie sprachen, als ob sie weder davon Notiz genommen hätten, noch von Müdigkeit, noch von Angst.

„Wir sind euch gefolgt", sagten sie, „und wir werden euch folgen, wo immer ihr hingeht. Wenn euch Gefahr droht, werden auch wir ihr gegenübertreten. Wenn es der Tod ist, werden wir mit euch sterben. Ihr seid verdammt, und wir wünschen eure Verdammnis zu teilen."

Sie schauten auf uns und ihre Stimme war gedämpft, doch es lag Bitterkeit und Triumph in ihrer Stimme:

„Eure Augen sind wie eine Flamme, aber unsere Brüder haben weder Hoffnung noch Feuer. Euer Mund ist aus Granit gemeißelt, doch unsere Brüder sind schlaff und unterwürfig. Euer Kopf ist erhoben, doch unsere Brüder kriechen. Ihr lauft, doch unsere Brüder kriechen. Wir wollen lieber mit euch verdammt als mit unseren Brüdern gesegnet sein. Tut mit uns, was ihr wollt, doch schickt uns nicht fort von euch."

Dann knieten sie und beugten ihren goldenen Kopf vor uns.

Wir hatten nie an das gedacht, was wir jetzt taten. Wir beugten uns herab um Die Goldene aufzurichten, doch als wir sie berührten, war es, als habe der Wahnsinn uns befallen.

Wir packten ihren Körper und pressten unsere Lippen auf die ihren. Die Goldene atmeten einmal und ihr Atem war ein Stöhnen und dann schlossen sich ihre Arme um uns.

Wir standen eine lange Zeit beisammen. Und wir waren erschrocken, dass wir seit einundzwanzig Jahren gelebt und nie gewusst hatten, welche Freude den Menschen möglich ist.

Dann sagten wir:

„Unsere Liebste. Fürchtet den Wald nicht. Es liegt keine Gefahr in der Einsamkeit. Wir brauchen unsere Brüder nicht. Lasst uns ihr Gutes und unser Böses vergessen, lasst uns alles vergessen, außer, dass wir zusammen sind und dass es Freude als Band zwischen uns gibt. Gebt uns eure Hand. Schaut nach vorn! Es ist unsere eigene Welt, Goldene, eine seltsame unbekannte Welt, aber unsere eigene."

Dann liefen wir weiter in den Wald, ihre Hand in unserer.

Und in dieser Nacht erfuhren wir, dass es weder abstoßend noch beschämend ist, den Körper der Frauen in unseren Armen zu halten, sondern die größte Ekstase, die der menschlichen Rasse gegeben ist.

Wir sind viele Tage gelaufen. Der Wald hat kein Ende, und wir suchen keines. Doch jeder Tag, der zur Kette der Tage zwischen uns und der Stadt hinzukommt, ist wie ein neuer Segen.

Kapitel IX

Wir haben einen Bogen und viele Pfeile gemacht. Wir können mehr Vögel töten, als wir zum Essen brauchen; wir finden im Wald Wasser und Früchte. Des Nachts suchen wir eine Lichtung und bauen einen Ring aus Feuer um sie herum. Wir schlafen inmitten dieses Ringes, und die Tiere wagen nicht, uns anzugreifen. Wir können ihre Augen sehen, grün und gelb wie Kohlen, die uns aus dem Dickicht beobachten. Die Feuer glimmen wie eine Krone aus Juwelen um uns herum, und die vom Mondlicht blau gefärbten Rauchsäulen stehen starr in der Luft. Wir schlafen zusammen inmitten des Ringes, die Arme der Goldenen um uns und ihrem Kopf auf unserer Brust.

Eines Tages werden wir anhalten und ein Haus bauen, wenn wir weit genug gegangen sein werden. Doch wir müssen nicht eilen. Die Tage vor uns sind endlos wie der Wald.

Wir können dieses neu entdeckte Leben nicht verstehen, und doch scheint es so klar und so einfach.

Wenn Fragen uns verwirren, laufen wir schneller, drehen uns zur Goldenen um und vergessen bei ihrem Anblick alles andere. Die Schatten der Blätter fallen auf ihre Arme, wenn sie die Äste auseinanderbreiten, und die Sonne scheint auf ihre Schultern. Die Haut ihrer Arme ist wie ein blauer Nebel, doch ihre Schultern sind weiß und glühend, als ob das Licht nicht von oben fällt, sondern aus ihrer Haut aufsteigt. Wir beobachten das Blatt, das auf ihre Schulter gefallen ist, es liegt in der Kurve ihres Nackens, und ein Tropfen Tau glitzert darauf wie ein Juwel. Sie nähern sich uns und sie halten inne und lachen, weil sie wissen, was wir denken, und sie warten gehorsam, ohne Fragen, bis es uns gefällt, uns umzudrehen und weiterzugehen.

Wir gehen weiter und wir segnen die Erde unter unseren Füßen. Doch wieder kommen uns Fragen in den Sinn, während wir schweigend laufen. Wenn das, was wir gefunden haben, die Verdorbenheit der Einsamkeit ist, was können Menschen wünschen außer Verdorbenheit? Wenn dies das große Übel des Alleinseins ist, was ist dann gut und was böse?

Alles, was von den Vielen kommt, ist gut. Alles, das von Einem kommt, ist böse. So wurde es uns seit unserem ersten Atemzug gelehrt. Wir haben das Gesetz gebrochen, doch wir haben es nie angezweifelt. Doch nun, da wir durch den Wald laufen, lernen wir zu zweifeln.

Es gibt kein Leben für Menschen, außer in nützlicher Arbeit für das Wohl aller Brüder. Doch wir lebten nicht, als wir für unsere Brüder schufteten, wir waren nur müde. Es gibt keine Freude für Menschen, außer der Freude, die mit allen Brüdern geteilt wird. Doch das Einzige, was uns Freude gelehrt hat, waren die Kraft, die wir in den Drähten erschufen und Die Goldene. Und diese beiden Freuden gehören uns alleine, sie kommen allein von uns, sie haben keinen Bezug zu unseren Brüdern und sie haben mit unseren Brüdern nichts zu tun. Daher wundern wir uns.

Es liegt ein Irrtum, ein schrecklicher Irrtum, im Denken der Menschen. Worin besteht dieser Irrtum? Wir wissen es nicht, doch das Wissen kämpft in uns — kämpft darum, ans Licht zu kommen.

Heute blieben Die Goldene plötzlich stehen und sagten:

„Wir lieben euch."

Doch dann runzelten sie die Stirn und schüttelten ihren Kopf und schauten uns hilflos an.

„Nein", flüsterten sie, *„das ist nicht, was wir sagen wollten."*

Sie schwiegen, dann sprachen sie langsam, und ihre Worte stockten, wie die Worte eines Kindes, das zum ersten Male sprechen lernt:

„Wir sind eine...allein...und einzig...und wir lieben euch, der einer sind...allein...und einzig."

Wir schauten einander in die Augen, und wir wussten, dass der Hauch eines Wunders uns berührt hatte und entflohen war, und uns hilflos suchend zurückgelassen hatte.

Und wir fühlten uns zerrissen, zerrissen wegen eines Wortes, das wir nicht finden konnten.

X

Wir sitzen an einem Tisch und wir schreiben dies auf Papier, das vor Tausenden von Jahren gemacht wurde. Das Licht ist dämmrig und wir können Die Goldene nicht sehen, nur eine goldene Locke auf dem Kissen eines uralten Bettes. Dies ist unser Zuhause.

Wir entdeckten es heute bei Sonnenaufgang. Viele Tage lang überquerten wir eine Bergkette. Der Wald erhob sich unter den Klippen, und immer, wenn wir auf einen kahlen Streifen aus Felsen heraustraten, sahen wir vor uns große Gipfel im Westen und Norden und Süden von uns, so weit unser Auge reichte. Die Gipfel waren rot und braun, mit den grünen Streifen von Wäldern, die sie wie Adern überzogen, mit blauen Nebeln wie Schleier darüber. Wir hatten nie von diesen Bergen gehört oder sie je auf einer Karte gesehen. Der Unverzeichnete Wald hat sie vor den Städten und den Menschen der Städte beschützt.

Wir erklommen Pfade, wohin die wilden Ziegen uns nicht zu folgen wagten. Steine rollten unter unseren Füßen fort, wir hörten sie auf die Felsen unter uns aufschlagen, weiter und weiter unten, und die Berge hallten nach jedem Aufprall noch lange nach, als der Aufprall schon längst vorbei war. Doch wir gingen weiter, denn wir wussten, dass kein Mensch jemals unserer Spur folgen noch uns hier erreichen würde.

Heute nun, bei Sonnenaufgang, sahen wir eine weiße Flamme zwischen den Bäumen, hoch auf einem nackten Gipfel vor uns. Wir dachten, es sei ein Feuer und hielten inne. Aber die Flamme war unbeweglich und blendete doch wie flüssiges Metall. Also kletterten wir durch die Felsen darauf zu. Und dort stand auf einem breiten Gipfel, hinter dem sich Berge erhoben, ein Haus, wie wir es noch nie gesehen hatten, und das weiße Feuer kam von der Sonne auf dem Glas seiner Fenster.

Das Haus hatte zwei Stockwerke und ein merkwürdiges Dach, flach wie ein Fußboden. Seine Wände bestanden mehr aus Glas als aus Wänden, und die Fenster gingen sogar um die Ecken herum, doch wie dieses Haus stehen konnte, konnten wir nicht erkennen. Die Wände waren hart und glatt, aus jenem Stein, den wir in unserem Tunnel gesehen hatten und der nicht wie Stein aussieht.

Wir beide wussten es ohne Worte: Dieses Haus stammte aus den Unerwähnbaren Zeiten. Die Bäume hatten es vor Zeit und Wetter geschützt, und vor Menschen, die weniger Erbarmen haben als Zeit und Wetter. Wir wandten uns um zur Goldenen und wir fragten:

„Habt ihr Angst?"

Doch sie schüttelten ihren Kopf. Also liefen wir zur Tür und stießen sie auf, und wir betraten zusammen das Haus aus den Unerwähnbaren Zeiten.

Wir werden die kommenden Tage und Jahre brauchen, um die Dinge dieses Hauses anzusehen, zu erfassen und zu verstehen. Heute konnten wir nur schauen und versuchen, unseren Augen zu trauen. Wir zogen die schweren Vorhänge vor den Fenstern auf und sahen, dass die Räume klein waren, und wir dachten, dass nicht mehr als zwölf Menschen hier gelebt haben konnten. Wir fanden es seltsam, dass es erlaubt gewesen war, ein Haus für nur zwölf Menschen zu bauen.

Nie hatten wir Räume so voller Licht gesehen. Die Sonnenstrahlen tanzten auf Farben, Farben, mehr Farben als wir für möglich hielten, wir, die wir nie Häuser außer weißen, braunen und grauen gesehen hatten. Es hingen große Glasstücke an den Wänden, doch es war kein Glas, denn wenn wir es ansahen, sahen wir unsere eigenen Körper und alle Dinge hinter uns, wie in der Oberfläche eines Sees. Es gab seltsame Dinge, die wir noch nie gesehen hatten und deren Zweck wir nicht kennen. Und es gab überall, in jedem Raum, Glaskugeln, jene Glaskugeln mit Spinnweben aus Metall im Inneren, wie wir sie in unserem Tunnel gesehen hatten.

Wir fanden den Schlafsaal und wir standen in Ehrfurcht auf seiner Schwelle. Denn es war ein kleiner Raum und es standen nur zwei Betten darin. Wir fanden keine anderen Betten im Haus und dann begriffen wir, dass nur zwei Menschen hier gelebt hatten, und das geht über unseren Verstand. Was für eine Welt hatten sie, die Menschen der Unerwähnbaren Zeiten?

Wir fanden Kleider, und Die Goldene hielt bei ihrem Anblick den Atem an. Denn es waren keine weißen Tuniken oder weiße Togen, sie hatten sämtliche Farben und keine zwei ähnelten einander. Einige zerfielen zu Staub, als wir sie berührten. Doch andere waren aus schwererem Stoff und fühlten sich weich und neu in unseren Fingern an.

Wir fanden einen Raum mit Wänden aus Regalen, die vom Boden bis zur Decke voller Manuskripte waren. Nie hatten

Kapitel X

wir eine solche Anzahl von ihnen gesehen, noch von solch seltsamer Form. Sie waren nicht weich und gerollt, sie hatten harte Hüllen aus Stoff und Leder; und die Buchstaben auf ihren Seiten waren so klein und ebenmäßig, dass wir uns wunderten, welche Menschen eine derartige Handschrift haben konnten. Wir überflogen die Seiten und sahen, dass sie in unserer Sprache geschrieben waren, aber wir fanden viele Worte, die wir nicht verstehen konnten. Morgen werden wir beginnen, diese Schriften zu lesen.

Als wir alle Räume des Hauses gesehen hatten, schauten wir Die Goldene an, und wir kannten beide die Gedanken in unseren Köpfen.

„Wir werden dieses Haus niemals verlassen", sagten wir, „noch zulassen, dass es uns weggenommen wird. Dies ist unser Heim und das Ende unserer Reise. Dies ist euer Haus, Goldene, und unseres, und es gehört keinen anderen Menschen, so weit die Erde reicht. Wir werden es nicht mit anderen teilen, so wie wir unsere Freude nicht mit ihnen teilen, noch unsere Liebe, noch unseren Hunger. So sei es bis zum Ende unserer Tage."

„Euer Wille geschehe", sagten sie.

Dann gingen wir hinaus, um Holz für den großen Kamin unseres Heimes zu sammeln. Wir holten Wasser aus dem Bach, der zwischen den Bäumen unter unseren Fenstern fließt.

Wir schlachteten eine Bergziege und kochten ihr Fleisch in einem Kupfertopf, den wir in einem wundersamen Raum fanden, der der Kochraum des Hauses gewesen sein muss.

Wir taten diese Arbeit allein, denn keines unserer Worte konnte Die Goldene fortbringen von dem Glas, das kein Glas ist. Sie standen davor und sie schauten ohne Unterlass ihren eigenen Körper an.

Als die Sonne hinter den Bergen versank, schliefen Die Goldene auf dem Fußboden ein, zwischen Juwelen und Flaschen aus Kristall und Blumen aus Seide. Wir hoben Die Goldene in unsere Arme und trugen sie in ein Bett, ihren Kopf sanft an unserer Schulter. Dann entzündeten wir eine Kerze und holten Papier aus dem Raum der Manuskripte und wir saßen am Fenster, denn wir wussten, dass wir heute Nacht nicht würden schlafen können.

Und jetzt schauen wir auf die Erde und den Himmel. Dieser Strich aus nacktem Felsen, Gipfeln und Mondlicht ist wie eine Welt, bereit geboren zu werden, eine Welt, die wartet. Es scheint uns, dass sie ein Zeichen von uns erbittet, einen Funken, ein erstes Gebot. Wir können nicht wissen, welches Wort wir ihr schenken sollen, noch welch große Tat diese Erde zu bezeugen erwartet. Wir wissen, sie wartet. Sie scheint uns zu sagen, dass sie große Geschenke für uns hat, doch sie erwartet ein größeres Geschenk von uns. Wir müssen sprechen. Wir müssen diesem glühenden Raum aus Fels und Himmel seinen Zweck, seinen höchsten Sinn geben.

Wir sehen nach vorne, wir bitten unser Herz um Führung bei der Beantwortung dieses Rufes, den keine Stimme ausgesprochen hat und den wir dennoch gehört haben. Wir schauen auf unsere Hände. Wir sehen den Staub der Jahrhunderte, den Staub, der große Geheimnisse versteckt hielt und vielleicht großes Unheil. Und doch regt sich keine Furcht in unserem Herzen, nur stille Ehrfurcht und Mitleid.

Möge das Wissen uns ereilen! Welches ist das Geheimnis, das unser Herz verstanden hat, aber uns nicht enthüllt, obwohl es schlägt, als würde es das Geheimnis lüften wollen?

Ich bin. Ich denke. Ich will.
Meine Hände... Mein Geist... Mein Himmel... Mein Wald... Diese, meine Erde...

Was sonst muss ich sagen? Dies sind die Worte. Dies ist die Antwort.

Ich stehe hier auf dem Gipfel eines Berges. Ich hebe meinen Kopf und ich breite meine Arme aus. Dies, mein Körper und mein Geist, dies ist das Ende der Suche. Ich wollte den Sinn der Dinge kennen. Ich bin der Sinn. Ich wünschte eine Rechtfertigung für das Leben zu finden. Ich brauche keine Rechtfertigung für das Leben und kein Wort der Billigung für mein Leben. Ich bin die Rechtfertigung und die Billigung.

Es sind meine Augen, die sehen, und der Blick meiner Augen gibt der Erde Schönheit. Es sind meine Ohren, die hören, und das Hören meiner Ohren gibt der Welt ihr Lied. Es ist mein Geist, der denkt, und das Urteil meines Geistes ist das einzige Licht, das die Wahrheit finden kann. Es ist mein Wille, der entscheidet, und die Entscheidung meines Willens ist das einzige Edikt, das ich respektieren muss.

Viele Worte sind mir gegeben, einige sind weise und einige falsch, aber nur drei sind heilig: *„Ich will es."*

Welchen Weg ich auch immer nehme, der Leitstern ist in mir; der Leitstern und der Kompass, der den Weg weist. Sie zeigen in nur eine Richtung. Sie zeigen auf mich.

Ich weiß nicht, ob die Erde, auf der ich stehe, der Mittelpunkt des Universums oder nur ein in der Ewigkeit verlorenes Staubkorn ist. Ich weiß es nicht und es kümmert mich nicht. Denn ich weiß, welches Glück mir auf der Erde möglich ist. Und mein Glück braucht kein höheres Ziel, um es zu rechtfertigen. Mein Glück ist nicht das Mittel zu irgendeinem Zweck. Es ist ein Selbstzweck. Es ist sein eigenes Ziel. Es ist seine eigene Bestimmung.

Auch bin ich nicht das Mittel zu einem Zweck, den andere zu erreichen wünschen. Ich bin kein Werkzeug ihres Nutzens.

Kapitel XI

Ich bin kein Diener ihrer Wünsche. Ich bin kein Pflaster für ihre Wunden. Ich bin kein Opfer auf ihren Altären.

Ich bin ein Mensch. Es ist an mir, dieses Wunder zu besitzen und zu bewahren, es zu beschützen, es zu benutzen und vor ihm zu knien!

Ich gebe meine Schätze nicht her und teile sie nicht. Das Vermögen meines Geistes darf nicht zu Blechmünzen werden und in den Wind geschleudert werden, als Almosen für die geistig Armen. Ich hüte meine Schätze: mein Denken, meinen Willen, meine Freiheit. Und das Größte von allen ist die Freiheit.

Ich schulde meinen Brüdern nichts, und sie schulden mir nichts. Ich verlange nicht, dass jemand für mich lebt, und auch ich lebe nicht für andere. Ich begehre niemands Seele, noch dürfen sie meine Seele begehren.

Ich bin meinen Brüdern weder Freund noch Feind, sondern jedem das, was er sich verdient hat. Und um meine Liebe zu verdienen, müssen meine Brüder mehr tun als nur geboren zu sein. Ich gewähre meine Liebe nicht ohne Grund und nicht jedem Dahergelaufenen, der wünscht, sie einzufordern. Mit meiner Liebe ehre ich Menschen. Doch Ehre ist etwas, das verdient werden muss.

Ich werde meine Freunde unter den Menschen auswählen, doch werden sie weder Sklaven noch Herren sein. Und ich werde nur solche erwählen, die mir belieben, und sie werde ich lieben und achten, doch werde ich weder befehlen noch gehorchen. Wenn wir es wünschen, werden wir uns die Hände reichen, oder wir werden alleine gehen, wenn uns das lieber ist. Denn im Tempel seines Geistes ist jeder Mensch alleine. Lasst jeden Menschen diesen Tempel unberührt und unbefleckt halten. Dann lasst ihn anderen die Hände reichen, wenn er will, doch nur jenseits seiner heiligen Schwelle.

Denn das Wort „Wir" darf nur freiwillig gesprochen werden, und nur an zweiter Stelle. Dieses Wort darf nie zuerst in des Menschen Seele stehen, sonst wird es ein Monster, die Wurzel aller Übel der Welt, die Wurzel der Folter des Menschen durch den Menschen und einer unaussprechlichen Lüge.

Das Wort „Wir" ist wie Kalk, der über die Menschen gestreut wird, der zu Stein wird und alles unter sich zermalmt. Und Weiß und Schwarz verschwinden darunter und alles wird grau. „Wir" ist das Wort, mit dem die Schlechten die Tugend der Guten stehlen, mit dem die Schwachen die Kraft der Starken stehlen, mit dem die Narren die Weisheit der Klugen stehlen.

Was bedeutet meine Freude, wenn alle Hände, auch die unreinen, sie betatschen können? Was bedeutet meine Weisheit, wenn selbst die Narren mir befehlen können? Was bedeutet meine Freiheit, wenn alle, selbst die Stümper und die Unfähigen, meine Herren sind? Was bedeutet mein Leben, wenn ich nur dienen, zustimmen und gehorchen muss?

Doch ich bin fertig mit diesem Glauben der Verdorbenheit.

Ich bin fertig mit dem Monster „Wir", dem Wort der Sklaverei, der Plünderer, des Elends, der Falschheit und der Schande.

Und jetzt sehe ich das Antlitz Gottes, und ich erhebe diesen Gott über die Erde, diesen Gott, den die Menschen gesucht haben, seit es sie gibt, diesen Gott, der ihnen Freude und Friede und Stolz gewährt.

Dieser Gott, dieses eine Wort:

XII

Es war, als ich das erste Buch las, das ich in meinem Haus fand, dass ich das Wort „*Ich*" sah. Und als ich dies Wort verstand, fiel mir das Buch aus den Händen und ich weinte, ich, der nie Tränen gekannt hatte. Ich weinte aus Erlösung und aus Mitgefühl mit der ganzen Menschheit.

Ich verstand den Segen, den ich meinen Fluch genannt hatte. Ich verstand, warum das Beste in mir meine Sünden und meine Verbrechen gewesen waren und warum ich mich meiner Sünden nie schuldig gefühlt hatte. Ich verstand, dass Jahrhunderte von Ketten und Peitschen nicht den Geist des Menschen und das Gefühl der Wahrheit in ihm töten können.

Ich las viele Tage lang viele Bücher. Dann rief ich Die Goldene und ich erzählte ihr, was ich gelesen und erfahren hatte. Sie schaute mich an und die ersten Worte, die sie sprach waren:

„Ich liebe Dich."

Dann sagte ich:

„Meine Liebste, es ist nicht richtig, dass Menschen ohne Namen sind. Es gab eine Zeit, als jeder Mensch einen eigenen Namen hatte, um ihn von anderen zu unterscheiden. So lass uns unsere Namen aussuchen. Ich habe von einem Mann gelesen, der vor vielen tausend Jahren lebte, und von all den Namen in diesen Büchern, ist seiner der, den ich tragen will. Er nahm das Licht der Götter und brachte es den Menschen, und er lehrte die Menschen, Götter zu sein. Und er litt für seine Tat, wie alle Träger des Lichts leiden müssen. Sein Name war Prometheus."

„Es sei dein Name", sagte Die Goldene.

„Und ich habe von einer Göttin gelesen", sagte ich, „die die Mutter der Erde und aller Götter war. Ihr Name war Gaia. Nimm diesen Namen an, meine Goldene, denn du sollst die Mutter einer neuen Art Götter sein."

„Es sei mein Name", sagte Die Goldene.

Kapitel XII

Jetzt schaue ich voraus. Meine Zukunft liegt klar vor mir. Der Heilige des Scheiterhaufens hatte seine Zukunft gesehen, da er mich als seinen Erben wählte, als Erben aller Heiligen und aller Märtyrer, die vor ihm kamen und die für dieselbe Sache starben, für dasselbe Wort, gleichgültig, welchen Namen sie ihrer Sache und ihrer Wahrheit gaben.

Ich werde hier leben, in meinem eigenen Haus. Ich werde mein Essen von der Erde nehmen, durch meiner Hände Arbeit. Ich werde viele Geheimnisse aus meinen Büchern lernen. Über die Jahre werde ich die Errungenschaften der Vergangenheit wieder aufbauen und den Weg ebnen, sie weiterzutragen, jene Errungenschaften, die mir offenstehen, doch meinen Brüdern verschlossen sind, denn ihr Verstand ist gefesselt an die Schwächsten und Dümmsten unter ihnen.

Ich habe gelernt, dass meine Kraft des Himmels den Menschen vor langer Zeit bekannt war; sie nannten sie Elektrizität. Es war die Kraft, die ihre großartigsten Erfindungen bewegte. Sie erleuchtete dieses Haus mit Licht, das aus jenen Glaskugeln an den Wänden kam. Ich habe die Maschine, die dieses Licht produzierte, gefunden. Ich werde lernen, sie zu reparieren und sie wieder in Gang zu setzen. Ich werde lernen, die Drähte zu benutzen, die diese Kraft in sich tragen. Dann werde ich eine Sperre aus Drähten um mein Haus bauen und quer der

Pfade, die zu meinem Haus führen; eine Sperre, leicht wie Spinnweben und undurchdringlicher als eine Mauer aus Granit; eine Sperre, die meine Brüder nie werden überwinden können. Denn sie haben nichts, womit sie mich bekämpfen könnten, außer der nackten Gewalt ihrer Masse. Ich habe meinen Verstand.

Dann, hier auf diesem Berggipfel, mit der Welt unter mir und nichts außer der Sonne über mir, werde ich meine eigene Wahrheit leben. Gaia ist schwanger mit meinem Kind. Unser Sohn wird als Mensch aufwachsen. Er wird lernen, *„Ich"* zu sagen und stolz darauf zu sein. Er wird lernen, aufrecht und auf seinen eigenen Füßen zu gehen. Er wird lernen, Ehrfurcht vor seinem eigenen Geist zu haben.

Wenn ich alle Bücher gelesen und meinen neuen Weg gefunden haben werde, wenn mein Heim fertig und mein Land bestellt ist, werde ich mich eines Tages zum letzten Mal in die verfluchte Stadt meiner Geburt stehlen. Ich werde meinen Freund, der keinen Namen außer International 4-8818 hat, und alle wie ihn, zu mir rufen, Brüderlichkeit 2-5503, der ohne Grund weint, und Solidarität 9-6347, der des Nachts nach Hilfe ruft, und ein paar andere. Ich werde alle Männer und Frauen zu mir rufen, deren Geist noch nicht in ihnen ermordet wurde und die unter dem Joch ihrer Brüder leiden. Sie werden mir folgen, und ich werde sie in meine Festung führen.

Kapitel XII

Und hier, in dieser unverzeichneten Wildnis, werden ich und sie, meine erwählten Freunde, meine Miterbauer, das erste Kapitel der neuen Geschichte der Menschheit schreiben.

Dies sind die Dinge, die vor mir liegen. Und während ich hier an der Tür zur Zukunft stehe, blicke ich ein letztes Mal zurück. Ich schaue auf die Geschichte der Menschheit, die ich aus den Büchern kenne, und ich staune. Es war eine lange Geschichte, und der Geist, der sie bewegte, war der Geist der Freiheit des Menschen. Doch was ist Freiheit? Freiheit wovon? Es gibt nichts, dass dem Menschen seine Freiheit nehmen kann, außer andere Menschen. Um frei zu sein, muss ein Mensch frei von seinen Brüdern sein. Das ist Freiheit. Das und nichts Anderes.

Zuerst war der Mensch versklavt durch die Götter. Doch er zerriss ihre Ketten. Dann war er versklavt durch die Könige. Doch er zerriss ihre Ketten. Er war versklavt durch seine Geburt, seine Sippe, seine Rasse. Doch er zerriss ihre Ketten. Er erklärte seinen Brüdern, dass ein Mensch Rechte hat, welche weder Gott noch König noch andere Menschen ihm nehmen können, egal, wie groß ihre Zahl auch sein mag, denn seins ist das Menschenrecht, und es gibt keine höheren Rechte auf Erden. Und er stand an der Schwelle zur Freiheit, für die das Blut von Jahrhunderten hinter ihm vergossen ward.

Doch dann gab er alles auf, was er gewonnen hatte und fiel noch hinter seine primitiven Anfänge zurück.

Wie konnte das passieren? Welche Katastrophe nahm den Menschen ihre Vernunft? Welche Peitsche brachte sie auf ihre Knie, in Schande und Unterwerfung? Die Anbetung des Wortes „*Wir*".

Als die Menschen dieses Wort anbeteten, brach die Struktur der Jahrhunderte zusammen, die Struktur, deren jeder einzelne Pfeiler aus den Gedanken eines jeweils einzelnen Menschen gekommen war, jeder zu seiner Zeit, durch die Zeitalter, aus der Tiefe eines einzelnen Geistes, eines Geistes, der nur für sich selbst existierte. Die Menschen, die überlebten — die begierig waren zu gehorchen, begierig darauf, füreinander zu leben, da sie sonst keine Rechtfertigung hatten —, diese Menschen konnten weder weiterführen noch bewahren, was sie empfangen hatten. Daher erstarb alles Denken, alle Wissenschaft und alle Weisheit auf der Erde. Daher verloren die Menschen — Menschen, die außer ihrer großen Anzahl nichts zu bieten hatten — die Stahltürme, die fliegenden Schiffe, die Kraftdrähte, all die Dinge, die sie nicht erschaffen hatten und nie bewahren konnten. Später vielleicht, wurden einige Menschen mit dem Verstand und dem Mut geboren, diese verlorenen Dinge wiederzuentdecken und kamen vielleicht

Kapitel XII

vor den Rat der Gelehrten. Ihnen wurde geantwortet, wie mir geantwortet wurde — und aus denselben Gründen.

Doch wundere ich mich immer noch, wie es damals in jenen schändlichen Jahren des Übergangs vor langer Zeit möglich war, dass Menschen nicht sahen, wohin das alles führte, und blind und feige weiter ihrem Schicksal entgegengingen. Ich staune, denn es ist schwierig für mich zu begreifen, wie Menschen, die das Wort „*Ich*" kannten, es aufgeben konnten, ohne zu wissen, was sie verloren. Doch es ist geschehen, denn ich habe in der Stadt der Verdammten gelebt und ich weiß, welche Hölle die Menschen auf sich gebracht haben.

Vielleicht gab es damals einige Menschen mit klarem Blick und reiner Seele, die sich weigerten, dieses Wort aufzugeben. Welche Qualen müssen sie erlitten haben angesichts dessen, was sie unaufhaltsam kommen sahen. Vielleicht schrien sie ihre Warnung verzweifelt hinaus. Und sie, diese Wenigen, kämpften einen hoffnungslosen Kampf und kamen um, ihr Banner beschmiert mit ihrem eigenen Blut. Aber sie entschieden sich, umzukommen, denn sie hatten keine Wahl. Ihnen schicke ich meinen Gruß und mein Mitgefühl durch die Jahrhunderte.

Ihres ist das Banner in meiner Hand. Und ich wünschte, ich hätte die Macht, ihnen zu sagen, dass die Verzweiflung in ihren Herzen nicht endgültig und ihre Nacht nicht ohne Hoffnung war. Denn die Schlacht, die sie verloren, kann nie verloren werden. Denn das, wofür sie starben, kann nie zugrunde gehen. Durch all die Dunkelheit, durch all die Schande, zu der Menschen fähig sind, wird der Geist des Menschen auf dieser Erde lebendig bleiben. Er mag schlafen, aber er wird erwachen. Er mag Ketten tragen, aber er wird sie sprengen. Und der Mensch wird bestehen. Der Mensch, nicht die Menschen.

Hier, auf diesem Berg, werden ich und meine Söhne und meine auserwählten Freunde unser neues Land und unsere Festung bauen. Und es wird das Herz der Erde werden, einsam und verborgen zunächst, aber Tag für Tag lauter schlagen. Und die Kunde davon wird in jeden Winkel der Erde dringen. Und die Straßen der Welt werden zu Adern werden, die der Erde bestes Blut an meine Schwelle tragen. Und alle meine Brüder und die Räte meiner Brüder werden davon hören, aber sie werden ohnmächtig sein gegen mich. Und der Tag wird kommen, da ich alle Ketten der Welt sprengen und die Städte der Versklavten ausradieren werde, und mein Heim wird die Hauptstadt einer Welt werden, wo jedermann frei sein wird, für sich selbst zu leben.

Kapitel XII

Für das Kommen dieses Tages werde ich kämpfen. Ich und meine Söhne und meine auserwählten Freunde. Für die Freiheit des Menschen. Für seine Rechte. Für sein Leben. Für seine Ehre.

Und hier, über dem Portal meiner Festung, werde ich das Wort, welches mein Leuchtfeuer und mein Banner sein wird, in Stein meißeln. Das Wort, das nicht sterben wird, sollten wir auch alle im Kampfe untergehen. Das Wort, das auf dieser Erde niemals sterben kann, denn es ist ihr Herz und ihr Sinn und ihre Herrlichkeit.

Das heilige Wort: